EASIFA
عاصفة

WILDER ANDRADE

Reservados todos los derechos. No se permite la reproducción total o parcial de esta obra, ni su incorporación a un sistema informático, ni su transmisión en cualquier forma o por cualquier medio (electrónico, mecánico, fotocopia, grabación u otros) sin autorización previa y por escrito de los titulares del copyright. La infracción de dichos derechos puede constituir un delito contra la propiedad intelectual.

Ibukku es una editorial de autopublicación. El contenido de esta obra es responsabilidad del autor y no refleja necesariamente las opiniones de la casa editora.

EASIFA
Publicado por Ibukku
www.ibukku.com
Diseño y maquetación: Índigo Estudio Gráfico
Copyright © 2019 WILDER ANDRADE
ISBN Paperback: 978-1-64086-361-3
ISBN eBook: 978-1-64086-362-0

ÍNDICE

Agradecimientos	5
Prólogo	7
CAPÍTULO 1 AEROPUERTO INTERNACIONAL DE JEREZ, PROVINCIA DE CÁDIZ –ESPAÑA	9
CAPÍTULO 2 REGIMIENTO DE INFANTERÍA MECANIZADA "LEPANTO 3" VALENCIA –ESPAÑA	35
CAPÍTULO 3 INICIA LA ODISEA	45
CAPÍTULO 4 18:00 HORAS	59
CAPÍTULO 5 18:50 HORAS	65
CAPÍTULO 6 EL LOBO DEL AIRE	83
CAPÍTULO 7 "LIEUX" 19:00 HORAS	93
CAPÍTULO 8 EV–97 EVEKTOR 04:00 HORAS	103
CAPÍTULO 9 EN ALGÚN LUGAR DE BARCELONA –ESPAÑA	113
CAPÍTULO 10 BIENVENIDO A AURA	117
CAPÍTULO 11 AGENTE BARCLAY	135
Notas del Autor	197

Agradecimientos

Primeramente he de agradecer a Dios, que me ha protegido con su manto en los momentos de obscura tiniebla y me ha permitido vivir para contarlo. A ti mi querido lector, que has sido el motor de mi motivación en este escabroso proyecto literario. A mi hermano menor, orgulloso comando del ejército francés, has sido mi fortaleza en los innumerables tropiezos que he tenido a lo largo de mi carrera militar, me enorgullece que hayas seguido mis pasos, sé que lo harás mucho mejor que yo. A mi hermano mayor, un fiel seguidor de los pasajes de la fe. A mi camarada más estimado que en estos momentos me sonríe desde el cielo… Comando Llorente, siempre te recordaré querido hermano, sé que estarías muy orgulloso de verme publicando esta obra, infantería en el alma por siempre. Agradecimientos especiales al Coronel Edgar Alberto Quiroga, amigo y comandante de mi primera unidad, respeto y admiración por el gran compromiso para con la institución y la patria. Al sargento Luis Llorente, increíble el vínculo que se puede lograr formar con personas de su calibre. Al teniente Mathew Kleemann, Miembro activo de los U.S. Navy Seals y gran amigo. Al capitán Christopher Theodor, Siento mucho haber puesto al descubierto tus rabietas colega, sé que me lo perdonas, así como también sabes lo mucho que te estimo. A todos los integrantes del curso internacional de fuerzas especiales #398, minoría selecta. A todos mis colegas de Blackwater (Escuché que ahora tienen un nombre… algo más comercial "Global Solutions" que ingeniosos estos loquillos directivos). A los Comandos y agrupaciones de fuerzas especiales de todo el mundo, dignos de un merecido respeto. Solo los que vivimos el mundo de las operaciones especiales podemos dar fe del constante y enorme sacrificio que se exige a cada integrante de estos cuerpos de élite, por eso a todos ustedes mis hermanos, mil gracias por cada gota de sangre derramada en los campos de entrenamiento…

Prólogo

De pie en la terraza de un sexto piso, apoyando mis manos sobre el barandal observando como cae la tarde en la incansable ciudad, dejando mi mirada perderse en el vasto horizonte.

Tal vez sea lo más bonito que he podido tener en meses. La suave y cálida brisa rosando mis brazos descubiertos mientras disfruto este hermoso espectáculo visual llamado "ocaso".

No había imaginado antes que estar aquí disfrutando de mi propia compañía fuese tan placentero, respiro profundo, siento el aire fresco de la tarde llenando mis pulmones, me doy cuenta que he alcanzado muchas de las metas que me había propuesto un par de años atrás.

Podría decirse que a pesar de las circunstancias tan adversas, tengo todo lo que un hombre a mi corta edad desearía tener, un amor incondicional, una vida acomodada, un trabajo que me apasiona.

Pero recuerdo el motivo que me trajo a este sexto piso y siento como se estruja mi corazón de tristeza. Sé que el amor requiere de sacrificios, pero se vuelve impensable cuando lo que se ha de sacrificar es el mismo amor.

<<*"Lo contrario del amor es la indiferencia. Mientras me odies significará que aún te importo. Y mientras te importe siempre tendré una razón para luchar por ti y por tu amor"*>>

No dejaba de repetirme esas palabras en mi mente una y otra vez. La decisión que estaba a punto de tomar era un viaje sin retorno. Un viaje que no quería, pero debía emprender…

CAPÍTULO 1

AEROPUERTO INTERNACIONAL DE JEREZ, PROVINCIA DE CÁDIZ –ESPAÑA

¿Alguna vez pensaste que las casualidades no son más que procesos aleatorios cuyo resultado es cuestión del azar?

Yo también lo creía así hasta hace algún tiempo… no podría estar más equivocado…

"La casualidad no es, ni puede ser más que una causa ignorada de un efecto desconocido" **Voltaire**

Todo comenzó hace un par de años en el hermoso aeropuerto de "JEREZ" allí estaba yo, sentado, mirando caer las lúgubres y frías gotas de lluvia, frustrado por aquél vuelo que al parecer ya se había tardado más de lo previsto.

Sin saberlo, sería la demora más gratificante que hubiese podido imaginar.

Mi mirada se hallaba fija y en instantes divagando ante la imagen borrosa que se podía apreciar fuera del aeropuerto, producto de la torrencial tormenta. Mi mente invadida por cientos de pensamientos parecía trabajar a mil por hora, me olvidé por completo del tiempo y sin darme cuenta me había sumido profundamente en mis propios pensamientos.

Mi visión fue interrumpida repentinamente por una mujer delgada con ligeros rasgos caucásicos, que a juzgar por su vestimenta debía ser de la alta gerencia del lugar.

—Disculpe señorita, ¿sabe usted cuánto tiempo más estará el aeropuerto cerrado? Pronuncié mientras me levantaba de mi asiento y me disponía a acercarme a la ostentosa mujer.

—Buenos días señor, de acuerdo a lo informado por el director de seguridad aérea, esta es una tormenta muy riesgosa para la operatividad del aeropuerto, lo que supone serán alrededor de dos horas para que el aeropuerto vuelva a operar normalmente.

—¡Vaya! ¿Tanto tiempo?

—Sí señor, es por la seguridad de todos, hacemos lo posible para volver a operar tan pronto como las condiciones meteorológicas lo permitan.

—Entiendo. —mi cara de desazón debía hablar por mí mismo—

—De verdad lo siento, ¿Le puedo ayudar en algo más señor…?

—¡Oh!, lo siento, olvidé presentarme, soy Neythan Brown —le dije extendiéndole la mano a la mujer que tan amablemente se había dispuesto a informarme de lo que acontecía en el lugar—

—Leila Rousseau, pero dígame solo Lei, como todos —respondió la mujer mientras me extendía su mano en un delicado gesto.

—Es un placer Lei —contesté a mi anfitriona.

–El placer es todo mío, ¿le puedo ayudar en algo más Señor Brown? –sin tomarse la molestia de disimular me recorrió con la mirada de pies a cabeza minuciosamente como queriéndome hacer un body–scan con sus ojos.

<<Si hubiese visto mi entrepierna se habría enamorado al instante>> Me dije a mí mismo mentalmente.

–¿Me podría indicar en donde encuentro un buen restAurant por favor? Muero de hambre.

–Por supuesto señor Brown, le puedo facilitar un mapa del aeropuerto por si desea conocer más del lugar, no olvide estar atento a los anuncios donde daremos información de los vuelos una vez pase la tormenta.

–¡Ah! y una cosa más, antes de partir tal vez guste pasar por nuestra fábrica de perfumes, de seguro habrá alguno de su gusto.

–¿Dijo perfumes? o… ¿me pareció escuchar mal? –inquirí de inmediato con la incertidumbre aflorando en mi rostro.

–Ha escuchado perfectamente bien señor Brown–me decía la mujer dibujando una florida sonrisa en su atractivo rostro, –en el aeropuerto se inauguró hace poco una pequeña fábrica de perfumes artesanales, –continuó diciendo Leila.

–La perfumería es muy reconocida por su calidad y buenas fragancias, pero no se deje engañar señor Brown, aparte de lo artesanal allí también encontrará toda clase de deleites al olfato, no se nos escapa ninguna fragancia ni marca habida o por haber.

–Tal vez quiera ir y comprobarlo usted mismo. –fueron sus palabras mientras me guiñaba un ojo con ápice de tonteo.

—¡Esa idea mola bastante! Muchas gracias Lei.

—Ha sido un placer señor Brown, si desea algo más me puede hallar en la oficina ambarina de al fondo —me decía mientras señalaba con el dedo índice un stand bastante formidable de la aerolínea, Vueling Airlines.

—¡Por supuesto que sí! —apremié complacido por la información que me acababa de proporcionar leila.

Levanté mi mano he hice un ademán de despedida, empecé a caminar en sentido opuesto a la sugestiva mujer que por cómo se despidió, supuse se debió haber quedado viéndome el culo.

Una sonrisa pícara dibujaba mi rostro mientras avanzaba y me imaginaba la graciosa escena ocurriendo a mis espaldas. <<De haber venido con Derek ya estaríamos descojonados de risa sin más>>

Me invadió cierta curiosidad por esa perfumería, quería ir y echar un vistazo, quizá encontrara uno que fuera de mi agrado y optara por llevármelo.

Decidí ir a ojear y luego ir a comer algo, mi estómago estaba crujiendo, me apetecía una buena porción de pavo en finas hierbas con ensalada Oliver y vino tinto, un plato bastante común en la región, pero me pudo la curiosidad por los perfumes, eran una de mis cosas favoritas, realmente me encantaban.

De camino a la perfumería me encontré con algo que llamó mi atención súbitamente

—<<¡Vaya! ¿Y esta de donde habrá salido?>> —fue lo primero que se me vino en mente. Al parecer mi cena esperaría incluso un poco más.

Yo no soy muy creyente del destino ni las tramas del universo, pero justo ese día todas esas teorías llegaban a mi mente luchando contra ese pensamiento retrógrado que se negaba a considerar posible algo parecido.

Acostumbraba a relacionarme con muchas personas desconocidas casi todos los días y no entendía porque me estaba sintiendo de cierta forma intimidado por su presencia. Eso llamó aún más mi atención, así que sin pensármelo dos veces decidí ir y conocerla.

Pero…. Supongo que para ella es común que muchos hombres intenten acercársele día a día tratando de seducirla o alagarla por su belleza, y… ese sin duda alguna no sería mi caso.

Solo me voy a divertir un rato conociéndola, al fin y al cabo creo que nunca más la volveré a ver. –Fue lo que pensé ese par de segundos antes de acercarme a ella.

Después de todo y sabiendo que tenía que permanecer por dos horas en el aeropuerto sería bueno pasar el tiempo hablando con alguien. Y ahí estaba el chollo.

Ella estaba de pie en la entrada de la perfumería ojeando algún tipo de revista o algo parecido, sin duda alguna era muy diferente a las mujeres del lugar, la sutileza de sus facciones la hacía verse tan naturalmente bella...

El color de su piel era en un tono claro muy suave y a la vez tan deleitable a la vista, decidí ir hasta allá y conocerla, no estaría tranquilo si no lo hacía.

–¡Hola señorita de mármol! –no se había percatado de mi presencia, sin querer la había pillado.

Me miró un poco sorprendida, pensó que la confundía con alguien más o algo parecido.

—¿Me habla a mí? —fueron las primeras palabras que escuché pronunciar de sus labios, me venía muy en gracia su cara de confusión.

—No veo a nadie más alrededor, así que supongo que sí, es a ti a quien le hablo.

—¿A qué ha venido eso de mármol? No salía de su cara de extrañeza. Su voz era dulce y en un tono muy suave, casi como una linda melodía.

—Mmm adivina —le dije mientras advertía cada centímetro descubierto de su perfecta y endemoniadamente hermosa piel.

—No lo sé... —decía mientras buscaba en su mente una posible respuesta al incongruente comentario.

—¿Acaso no fue el material que usó Miguel Ángel para dar tus últimos retoques? —Añadí

Dejó de ojear la revista y fijó su mirada hacia mí, detallándome minuciosamente sin siquiera parpadear.

Su terso y delicado rostro hacía juego con ese bello par de ojos color paraíso, se podía advertir una tenue sonrisa queriendo salir.

—Qué simpático eres, no recuerdo que me hubiesen dicho algo parecido. Pero... ¿A cuántas mujeres les dices lo mismo? —La mire fijamente y busqué que ella hiciese lo mismo. Dejé escapar una pequeña sonrisa y continué diciendo:

—Realmente a muchas, pero hoy es un lindo día y he decidido empezar contigo.

Hizo caso omiso a lo primero de mi comentario y frunció el ceño, su estado de ánimo era evidente.

—¿Un lindo día? Será lindo para ti, con semejante tormenta, no sé qué le vez de lindo.

No me cabía la menor duda de que al igual que yo ella también estaba un poco molesta por el retraso de su vuelo.

El verla malhumorada me caía mucho en gracia, estaba haciendo un esfuerzo sobrehumano por no reírme, lo hacía con el mayor disimulo humanamente posible, aunque debo reconocer que era un esfuerzo abrumador.

No entendía muy bien de que me venía ese repentino ataque de risa, no era sensato descojonarme a carcajadas, no quería terminar la conversación que apenas estaba comenzando, menos hacerle pensar que solo había ido a burlármele en sus propias narices.

Con un esfuerzo astronómico al final logré serenarme y continué la conversación sin dejar aflorar ni un poquito de lo que segundos antes estuvo a punto de hacerme estallar.

—Sí, es un hermoso y esplendido día —continué diciendo con la mayor naturalidad del mundo. —y tú encajas de maravilla con el entorno, lóbrega y rebelde, vaya que sí es una perfecta combinación.

—Tomaré eso como un cumplido, pero no pierdas tu tiempo conmigo galán. —Decía ella en tono arrogante mientras volvía su mirada a la revista.

—¿Conversar con un desconocido que puede tornarse algo interesante, mientras se termina una tormenta te parece que es perder el tiempo?

—Mmm… no lo sé, además ¿porque habría yo de ser interesante para ti?

—Nadie ha dicho que me resultes interesante, es solo un decir. —Una sonrisa siniestra perfilaba mis facciones por el evidente triunfo a la arrogancia de mi interlocutora.

Fueron un par de segundos mientras ella me detallaba minuciosamente, como si yo no estuviera en frente suyo, me hubiera gustado saber lo que pasaba por su mente en ese momento, aunque con ver sus ojos entendía un poco de lo que podía estar pensando.

—¿Cómo te llamas señorita de mármol? —pregunté para anticiparme al incomodo silencio que estuvo a punto de darse lugar.

Lo pensó por dos o tres segundos, por lo que supuse vendría a flote una reluciente y espléndida mentira.

—Vianca, me llamo Vianca.—concluyó.

Pensé que seguirle el juego sería una buena forma de descubrir más acerca de esta mujer que aparte de antipática y bella me había despertado inexplicable curiosidad.

—Pues mucho gusto Vianca, yo soy Mortadelo

No pudo evitar que se le saliera una risilla burlona por lo gracioso que le había parecido ese nombre, que a decir verdad a mí se me ocurrió por los constantes reclamos que ya me empezaba a hacer mi ruidoso estómago.

El de ella se le ha de haber venido a la mente por la oficina de una Aerolínea con nombre similar que estaba justo en frente de donde nos encontrábamos.

—¿Ahora te burlas de mi nombre eh? ¡Qué grosera eres! —Dije en tono divertido.

No podía evitar reírse y en medio de risas contenidas por segundos, continuó diciendo:

—Perdón no era mi intención, es solo que… ¡ay por favor! no te creo que ese sea tu nombre, ¡qué mentiroso!

—Yo tampoco te creo que ese sea el tuyo —me defendí.

—¿Porque no habría de serlo? —preguntó ella enarcando una ceja, con la curiosidad reflejada en sus ojos.

—Si no hubieses mirado hacia las oficinas de en frente antes de decirlo quizá te hubiese creído. Pero… en definitiva lo de mentir no se te da muy bien.

—¡Me analizas muy bien eh! Me llamo Lauren, ¡Señor de la mortadela!

—Es ¡Mortadelo! —Le dije mientras levantaba una ceja y simulaba un tono de voz sofisticado. —Y veo que al parecer si tienes un nombre creíble ¡Viaaancaaa! —dije lentamente extendiendo cada sílaba y sin apartar mi mirada de su sonrojado rostro.

—Sí, al parecer tengo uno y supongo que tú también.

Pude ver como su temperamento bajaba a pasos agigantados, ya no lucia apesadumbrada y había dejado su expresión de desazón a la hora de hablar, la actitud de esta chica me divertía de una forma que no podía entender muy bien.

—Soy Neythan, aunque puedes decirme Mortadelo. —su carcajada fue casi como un acto reflejo seguido de mi nombre ficticio. Su rostro enrojecido de tanto reír empezaba a tomar nuevamente su suave y delicado color natural.

—Morta… ¡que gracioso ese nombre! Está bien señor de la mortadela, lo que tú digas.

Le extendí mi mano y le di un beso en ambas mejillas. Finalmente nos habíamos presentado mutuamente. Pude percibir una dulce y sutil fragancia que parecía ir muy desacorde a la personalidad que esta mujer me había mostrado al comienzo.

—Supongo que estamos aquí por la misma razón—empecé diciendo. —por la tormenta tu vuelo se ha retrasado y vas a llegar tarde a un evento muy importante o algo parecido, así que te paseas por estas tiendas en busca de algo que te distraiga y ya no veas la situación tan mal como parece ¿No es así?

Me miró a los ojos y luego desvió la mirada hacia las vitrinas, solo esa fracción de segundo fue suficiente para que pudiera descubrir el más hermoso par de ojos color ámbar que hubiera visto en mi vida, eran sosegados como el agua que desciende desde el más puro manantial, donde el hombre nunca ha puesto siquiera un pensamiento.

—¡Vaya! ¡Pues parece ser que el señor de la mortadela me ha estado espiando eh! —decía Lauren en tono burlón.

—Por Alá, Yo tendría más futuro cambiando pañales a críos que siendo espía.

Una explosión de carcajadas al unísono fue lo que se escuchó cuando terminé de pronunciar mis palabras, pasaron un par de segundos hasta que volvía lentamente el aire a nuestros pulmones.

–Emmm pues… parece ser que sí, mi vuelo tardará un par de horas más de lo previsto, y no me pienso quedar sentada en la sala de espera a ver cómo termina esta horrible tormenta. –añadió Lauren mientras levantaba su ceja en un divertido gesto de rebeldía.

–Supongo que tú estás en el mismo caso ¿o me equivoco? –indagó Lauren.

–¿Eres gitana? –le solté la pregunta casi que de inmediato.

Su expresión fue como de… (¿Y eso que tiene que ver?)

–Mmm no, no lo soy, ¿por qué habría de serlo? –Respondió contrariada

–Entonces como has adivinado semejante secreto, le dije en un tono irónico mientras me divertía al ver su expresión.

–Pensé que lo decías por otra cosa. –pude apreciar la confusión reflejada en su bello rostro.

–¿Otra cosa?, –ahora era yo el que no había entendido ni cinco.

–¿Te puedo pedir un favor Lauren? –pregunté, cambiando rápidamente el tema, no quería parecer tonto hablando de algo que ni yo había entendido.

—Depende del tipo de favor que sea. —Contestó. Su mirada un tanto curiosa y jovial con sus ojos entrecerrados mientras me respondía, se tornaba atractivamente divertida.

—Pienso comprar un perfume para el cumpleaños de alguien muy especial, continué diciendo; ¿te importaría echarme una mano y ayudarme a elegir uno?

—Está bien, tal parece que ni tú ni yo tenemos mucho por hacer mientras se termina el torrencial aguacero, ¡vamos a por tu perfume! —y así sin más interrogantes, accedió a ayudarme.

Nos dirigimos hacia el mostrador que estaba al fondo de la tienda, muy sutilmente me di cuenta de lo hermosa y abundante que era su cabellera, tan negra como la oscuridad que antecede al alba; hacia juego con esas anchas y bien definidas caderas, caderas que parecían haber sido cinceladas con tal delicadeza que no se había pasado por alto ni el más mínimo de los detalles.

<<Si esto fue creación divina no me cabe la menor duda que se tomaron su tiempo hasta dar con semejante ejemplar de mujer tan bien parecida>> <<¡vaya, sí que es hermosa!, por donde quiera que la vea la encuentro encantadora>>

Pensaba para mis adentros, reprimiendo el creciente deseo de manifestárselo de alguna manera.

—Dime ¿es un hombre o una mujer? —Me había tomado por sorpresa sumido en mis pensamientos hacia ella, ahora sí que me empezaba a sentir raro, no recordaba la última vez que me hubiera pasado algo parecido y es que definitivamente esta mujer tenía algo que la hacía muy diferente, de cierta manera hipnótica, ya pronto intentaría averiguar lo que era en realidad, porque simple atracción no era, de eso estaba completamente seguro.

—¿Qué cosa? —respondí dejando en evidencia andar divagando en mis pensamientos.

—A quien le vas a dar el perfume, ¿es un hombre o una mujer?

—¡Ah sí! —solté diciendo en medio de una tenue risilla. —Es un hombre, uno de esos que andan en vía de extinción, de carácter dominante, aventurero, apasionado por la vida, intelectual, bohemio, extrovertido, amante de las emociones fuertes, muy optimista y si te sigo contando sus cualidades tal vez me tome un par de horas.

—¡Vaya! eso suena como el hombre de mis sueños, debe ser alguien muy interesante por como lo describes, a ver si un día nos presentas. —dijo Lauren un poco divertida.

—En realidad es para mi cumpleaños, será mi propio regalo.

Le guiñe el ojo con ápice de tonteo y pude notar como sus mejillas inmaculadas y delicadas como terciopelo se tornaron en un color rosa muy suave a la vez que me extraviaba la mirada fingiendo interesarse por una fragancia de Muestra, ¡la había pillado!.

—Un hombre que compra sus propios regalos de cumpleaños eh, soltó una risita burlona, —¡qué curioso!

—Así es, siempre me regalan cosas que al final termino no usando, son pocos los detalles que aciertan con mi gusto, por eso me reservo ese día para salir y darme a mí mismo los mejores regalos, ¿no te parece raro? Le dije mientras la miraba a los ojos con cierta picardía.

Me desvió la mirada y empezó a observar la vitrina mientras me iba hablando.

—¿Por qué has decidido un perfume en vez de otra cosa? —indagó Lauren con notable curiosidad dibujada en su bello rostro.

—Me fascina perderme en el encanto de los olores, cada fragancia me recuerda un momento de mi vida o me hace imaginar los que han de venir, me lleva a lugares donde nunca he estado.

Inmediatamente me volteó a mirar con cara de asombro, pude notar la curiosidad aflorando en su expresión, fue como si le hubiera dicho algo deslumbrante, y tal vez para ella realmente lo fue, y solo fue hasta que pronunció sus siguientes palabras que pude comprender el motivo.

—A mí me sucede lo mismo, es una sensación indescriptible, mi mente divaga por segundos perdiéndose en un placer... —se quedó pensando en la palabra que usaría. Es un placer inhumano... —dijo mientras me veía a los ojos con cara de fascinación.

Allí estábamos los dos, uno en frente del otro, éramos los únicos ocupantes de aquella perfumería tan vistosa y seductora ante nuestros ojos.

Lauren se veía relajada, con su mano izquierda apoyada sobre el mostrador y las piernas cruzadas, señalando perfumes por doquier, mostrándome variedades, contándome la historia y procedencia oculta de algunos olores, realmente sabía mucho del tema, todo un mar de conocimiento...

Yo estaba disfrutando su divertida cátedra, aunque por momentos mi mente divagaba mientras su dulce voz me transportaba a un universo paralelo del cual no tenía idea que pudiese existir, justo en ese momento lo acababa de descubrir.

En definitiva, el hecho de haber encontrado alguien que compartiera uno de mis más enigmáticos gustos, y que lo hiciera con la misma pasión o quizá un poco más, no es algo que sucediera todos los días.

Se le veía motivada, realmente quería enseñarme tanto como podía, me hablaba de marcas, lugares de origen, tiendas principales en el país y mucho más…

Yo terminé ciertamente impresionado.

Quedamos de asistir a la gran exposición de perfumes que llegaría en los próximos meses a Barcelona, aunque en el fondo yo sabía que sería casi imposible asistir a dicho evento, de seguro estaría ocupado entrenando la nueva compañía de soldados que llegaría al regimiento para ese entonces, o viajando por el sur de África, inmerso en alguna operación. Y si no era una de esas causas solo me restaba mencionar que Barcelona es una ciudad bastante alejada de Valencia, todo apuntaba a que tal encuentro nunca tendría lugar, mas sin embargo no quise arruinarle la ilusión.

—Por todo lo que me has dicho no me cabe la menor duda que eres toda una experta en el tema, estoy seguro que hoy me iré a casa con el mejor regalo de cumpleaños en toda mi vida. —le apremie después de escuchar su vasto conocimiento en el tema.

Una dulce sonrisa dibujaba su rostro mientras decía:

—Pues… Experta, experta, no tanto, sé un poco del tema, pero eso es todo.

Tomó mi mano y roció un poco en mi muñeca derecha con el perfume que había tomado segundos antes del mostrador, lo hacía con tal naturalidad, justo como lo hubiese hecho un profesional en el asunto.

—Debes esperar unos pocos segundos para que puedas apreciar mejor el aroma.

Mientras ella sostenía mi muñeca yo desviaba mi mirada hacia sus manos; Eran pequeñas y delicadas, tan suaves y blandas que no pude evitar sentir como mi piel se erizaba con el mínimo rose de sus dedos. Fue la reacción involuntaria más confusa que recuerdo haber experimentado.

No quería que Lauren se diera cuenta del efecto que producía el tacto de su suave y delicada piel con la mía, o al menos no por el momento. Así que se me ocurrió decirle lo primero que me vino en mente.

—Al parecer esta es la que quiero, me gusta mucho, mira... hasta mi piel se ha erizado. —improvisé de inmediato.

Yo estaba seguro que Lauren no tenía nada de tonta, se había dado cuenta del más mínimo de los detalles, supo al instante que yo no me había erizado por el perfume. Me miró tiernamente y dejó que se le escapara una risita de inocencia mientras aflojaba mi muñeca lentamente, como queriendo alargar el efecto que bien sabía, había logrado producir en mí.

Me sentí un poco contrariado conmigo mismo, mi cuerpo nunca antes me había respondido de esa manera al tacto con ninguna otra mujer, y el no saber por qué me estaba sucediendo ese día me confundía aún más, hasta llegué a pensar que tal vez era alguna especie de efecto secundario por el hambre que tenía, tal vez eso me producía sensibilidad al tacto, o... sería el frío que hacía en el momento, sí, quizá eso era...

Sé que fue algo tonto pensarlo, no estaba seguro de que era lo que me sucedía ese día. Aun no me cabía en la cabeza la idea de que fuera Lauren quien me produjera esa extraña sensación, lo peor es que era una reacción involuntaria, mi propio cuerpo me ponía al descubierto, eso me inquietaba aún más.

<<Estoy acostumbrado a tratar con muchas personas todos los días ¿qué tiene Lauren de diferente?>> me lo repetía a mí mismo una y otra vez sin que ella me notase distraído e inmerso en mis propios pensamientos. Era una lucha interna entre mi cuerpo, mis pensamientos y la razón.

—Y... ¿cuándo es que cumples años? —preguntó Lauren sacándome inmediatamente de mis pensamientos.

Me lo pensé antes de darle una respuesta y termine por contestarle con otra pregunta

—¿Me vas a dar un regalo? ya sabes que es lo que más me gusta. —le dije mientras le sonreía. Ella me devolvió la sonrisa.

Lo que le decía le caía en gracia, parecíamos dos niños jugando a reírnos por todo, conociéndonos en medio de exquisitos olores, sonrisas traviesas e inocentes llenas de entusiasmo y fascinación, miradas entrelazadas en fracciones de segundos, tan cortas y a la vez tan largas...

Y así estuvimos hablando por más de una hora, me contó el porqué de su fascinación hacia los perfumes y como había aprendido tanto de ellos. Me habló acerca de lo mucho que disfrutaba viajar, pero que siempre prefería hacerlo sola, esta vez iba de regreso a Barcelona, donde vivía actualmente. Era una mujer algo misteriosa, amante de las flores, la pintura contemporánea y un gusto que compartíamos ambos "los perfumes"

Quizá ese fue el motivo por el cual estábamos teniendo aquella conversación, pues al igual que yo, ella también quería deleitarse con espléndidos y seductores aromas apresados en vistosas y pequeñas botellitas de vidrio.

Me narró con lujo de detalles un viaje que había tenido hace algunos meses por el sur del país, fue realmente excitante para ella, incluso en su relato se podía apreciar su cara de encanto al recordar episodios emocionantes que pasó en su tour por la selva donde pudo disfrutar algunas maravillas de la naturaleza, pero tuvo que regresar justo a mitad de viaje por algunos contratiempos de trabajo.

Lauren es una mujer encantadora, entregada a su trabajo, dueña de su propia compañía dedicada a la exportación de flores, es un par de años mayor que yo, vive con su abuela quien padece cáncer y requiere del cuidado que solo su nieta podría brindarle. Residen a unos pocos kilómetros del centro de la ciudad (Barcelona). 5 pies y once pulgadas de estatura (me saca media pulgada), posee una tersa y hermosa piel blanca que resalta un par de ávidos ojos color ámbar; resalta en ella su espléndida y abundante cabellera lacia de color negro azabache que termina un par de centímetros arriba de su bien dotado trasero, sus pechos voluptuosos sobre una cintura estrecha y sus caderas redondas hacen que sus curvas bien marcadas denoten deseo y admiración. ¿Hermosa? Sí... Realmente bella. Es una mujer muy perspicaz, supremamente consentida, no es amante de los chocolates pero adora las catánies, le encanta que le escriban textos románticos y según ella es una excelente cantante cuando está en la ducha, Ella es... Ella es quien un día marcó mi vida para siempre.

Trabaja de sol a sol y de vez en cuando toma un descanso para aliviar el estrés generado después de las extensas jornadas laborales, es justo en estos descansos cuando decide viajar y olvidarse por completo de lo que le acompleja en su diario vivir.

Esto fue lo que me dijo mientras hablábamos aquella tarde en medio de una tormenta que por casualidad o no casualidad nos había permitido conocernos.

Nos sentamos en un sofá que estaba a escasos metros del mostrador, mientras ella se disponía a sentarse yo observaba como sus largas pestañas parecían formar medias lunas sobre sus mejillas, cada vez que la miraba me sorprendía al descubrir que su belleza parecía no tener límites. Cuando me senté a su lado su aroma invadió todo mi ser, mi cuerpo se estremeció en medio de la fascinación, mis sentidos se alteraban, no hallaba explicación alguna a todo lo que me sucedía, ese aroma sutilmente dulce y poco común me tenía fascinado.

"Vale más actuar exponiéndose a arrepentirse de ello, que arrepentirse de no haber hecho nada." **Giovanni Boccaccio.**

Estábamos cerca el uno del otro, estiré mi brazo por detrás de ella. Mientras la conversación avanzaba la abrazaba en medio de risas. Con los dedos del brazo que había puesto detrás rosaba levemente su mejilla. Pude notar como ese sutil gesto le hacía ponerse de colores, aun así parecía disfrutarlo y no diría nada para que me detuviese.

Ya nos habíamos olvidado por completo de los perfumes. El hambre se me había ido quien sabe a dónde.

Éramos dos desconocidos sentados en el sofá de una tienda de perfumes, ajenos a todo lo que pasaba a nuestro alrededor, compartiendo historias de nuestras vidas, riendo y disfrutando de la compañía del otro, cualquiera que nos hubiese visto pensaría que nos conocíamos de hace mucho tiempo, y es que sin duda alguna la conexión era mágica…

Aún tengo esa imagen enmarcada en mi memoria, su sonrisa cuando le contaba alguna anécdota alocada que me hubiese ocurrido, su mirada penetrante y emotiva cuando quería transmitirme algún sentimiento de su misterioso pasado. Hubiese querido inmortalizar ese momento, hubiera deseado que la tormenta nunca terminara...

La sensación de confort era tan agradable que ninguno de los dos se percató que había cesado de llover. Habían transcurrido dos horas desde que nos sentamos en aquel sofá, nuestra conversación parecía tener vida propia. Me dijo en repetidas ocasiones lo bien que se la estaba pasando, lo agradable que le había parecido conocerme.

–Neythan no puedo controlar la risa, me haces reír mucho, eres un loquillo. Esta ha sido la tormenta más divertida en toda mi vida.

Realmente ella no paraba de reír, se reía hasta de su misma sombra, su risa era contagiosa, y los delicados gestos con los que la adornaba la hacían aún más encantadora.

–¿Tormenta? ¿De cuál tormenta hablas Lauren? hace mucho dejó de llover. Nos miramos el uno al otro y nos sumergimos en una profunda risotada, era curioso como habíamos perdido la noción del tiempo.

Sabía que el momento llegaría, era hora de partir, mi vuelo salía 30 minutos antes que el de ella, era el momento de despedirme...

Dejé de hablar y la miré fijamente, empecé a deslizar suavemente mi mano sobre la suya mientras iba moviendo mis dedos con desidia acariciando los suyos, ella los entrelazó y fijo su mirada hacia nuestras manos, quien segundos antes se reía ahora se tornaba seria y sumida en un silencio misterioso. La tomé del mentón y fui levantando lentamente su rostro, me vio a los ojos al tiempo que me revelaba una dulce y hermosa mirada, no hubiese sido capaz de imaginar que encontraría tanta ternura en su mirar, toda esa ternura que pensé en algún momento solo se veía en películas de Hollywood ahora estaba justo ahí, avivando un momento con sus emociones indescifrables. Nuestros ojos quedaron atrapados en medio del enigma y las cientos de sensaciones que cada vez se adueñaban más de la situación.

Hubo un silencio cautivador por un par de segundos mientras nuestras miradas se perdían en lo más profundo. Ninguno de los dos dijo una sola palabra, bastaba con entender lo mucho que decían ese par de miradas entrelazadas, mi corazón empezó a latir fuerte, sentí que el aire me hacía falta, me fui acercando lentamente sin dejar de verla a los ojos hasta que pude sentir su dulce aliento entrelazarse con el mío, cerré mis ojos y acaricié sus labios con los míos. Posé mi mano sobre su estrecha cintura a la vez que mis labios se empezaron a mover con delicadeza hasta quedar entrelazados con los suyos, ella me respondió el beso tiernamente, despacio, un beso delicado, profundo, sentía como su cuerpo se tensionaba y su piel se erizaba, fue un beso sereno como su hermoso mirar, mis labios empapados por el dulce néctar de su boca se deslizaban lentamente, empezaba a sentir como mi cuerpo se entregaba a las emociones que avivaba el momento, temía que pronto ya no fuera consciente del lugar donde estábamos.

Separé mis labios lentamente de los suyos y la miré a los ojos, aun podía sentir como nuestros alientos se mezclaban en la proximidad de nuestras bocas, mis labios me pedían más... ella no pronunciaba palabra alguna, solo me veía con ojos de encanto...

El fuerte sonido de una turbina nos hizo recordar del lugar donde estábamos, fui acercando mi mejilla contra la suya hasta que dejamos nuestros cuerpos terminar unidos en un abrazó que sabíamos tenía un solo significado y era el de decir adiós.

Mientras sus pequeñas manos acariciaban mis espaldas, un mar de preguntas me invadían. Recordaba que en días anteriores me decía una y otra vez a mí mismo que durante algún tiempo no me permitiría sentir nada por nadie...

Así era yo, presumiendo de poder tener el control de mis emociones ¡que ingenuo! solo sabía que el exquisito aroma de Lauren me tenía aturdido, sus suaves caricias en mis espaldas me hacían alucinar, ese dulce beso y el delicioso sabor de su boca me habían dejado sin aliento… ¿que era todo aquello tan repentino y tan fuerte? No lo sabía, algo nos pasaba, ambos lo sabíamos, se podía sentir el encanto del momento, aun así no quisimos decir nada. Empecé a separarme lentamente de su cálido cuerpo. Mantuvimos el silencio y nos iniciamos en un misterioso juego de miradas que despertaba un sinfín de sensaciones, pensamientos y emociones...

Había llegado la hora de partir, así que tuve que romper el silencio.

—En que piensas. Le dije mientras admiraba la forma en que brillaban sus ávidos ojos.

—Eemm, no lo sé...

¿En qué piensas tú? —respondió dubitativa, aún inmersa en el trance del que ambos éramos partícipes.

—En que siempre que esté en medio de una tormenta voy a recordar este día, esta mirada y tu misterioso silencio. —respondí mientras seguía contemplando ese bello par de ojos ambarinos.

Se inclinó suavemente hasta llegar a mi oído y me dijo susurrando:

—A mí me pasará algo parecido, será difícil no recordarlo, gracias por hacerme pasar del aburrimiento a la fascinación, por hacerme reír, por llamarme señorita de mármol y por compartir este lindo momento conmigo, me has dado algo en que pensar de ahora en adelante, siempre le tuve miedo a las tormentas, desde niña corría a los brazos de mi padre por el miedo que me producían los truenos, aún hoy día seguía sintiendo miedo a las tempestuosas descargas eléctricas y el estruendoso ruido que las acompaña, sin embargo, todo será diferente a partir de este momento Neythan. —Su tono de voz lograba tocar las fibras más sensibles de mi ser, esa dulzura inigualable era algo que me hacía sentir quedarme sin fuerzas...

Medio hipnotizado hice un esfuerzo sobrehumano pidiéndole a los músculos de mis piernas la fuerza suficiente para ponerme en pie, nunca había experimentado algo semejante. A pesar del enorme esfuerzo logré levantarme del sofá, cuando ya me disponía a partir no quise pronunciar palabra alguna, estaba abrumado por la sorpresa que me produjo haber experimentado emociones tan fuertes que ni siquiera sabía que pudiesen existir. En mi estado hipnótico y algo contrariado me di la vuelta y empecé a alejarme, en el fondo sabía que ella estaba pasando por lo mismo que yo, pude verlo en sus ojos...

Lauren se quedó ensimismada por la forma en que me iba sin decir adiós,

—Neythan, se te ha quedado algo, —fueron sus palabras que salieron en un tono tembloroso, ya no era la misma mujer antipática que había conocido un par de horas antes, me llené de una extraña sensación de felicidad al notar que ahora trataba con una mujer dulce, amistosa, capaz de transmitir ternura con tan solo una mirada, mi cabeza parecía dar vueltas y más vueltas, no quería reconocer que ella me despertaba tantas emociones, aunque, ya quedaban dudas de que era así.

<<No recuerdo haber traído nada fuera de mis bolsillos ¿qué será?>>

Me di vuelta nuevamente y mientras me acercaba con una tenue sonrisa trataba de recordar que era lo que había dejado tirado.

—No recuerdo haber traído nada, ¿qué es Lauren?

Se puso de pie y me extendió su brazo derecho, ocultándome algo dentro de su mano, tomé su mano y pude ver que dejó caer sobre la mía un pequeño trozo de papel muy bien doblado, cerré mi mano, saqué mi billetera y lo guardé lentamente en un pequeño compartimento de esta, todo lo hacía sin prisa, tomándome deliberadamente un par de segundos más para contemplarla, me empezaba a girar para irme, aunque mi corazón me empezaba a pedir frenéticamente que la estrechara en mis brazos una vez más. Ella me observaba cuidadosamente mientras lo hacía.

—¡Neythan!, ¿te vas sin despedirte? —dijo en un tono que sonó a modo de reclamo.

La miré directo a los ojos, me acerqué lentamente, le estampé un beso en los labios y la abracé, deslizando mis manos por su estrecha cintura, mientras susurraba lentamente en su oído:

—Tal vez es porque no me gustan las despedidas, pero prometo que nos volveremos a ver señorita de mármol, te doy mi palabra. Me aparté lentamente de su cuerpo y pude notar que ella pensaba en algo, no dijo nada, así que decidí marcharme y alejarme pensando que tal vez no había sido pura coincidencia todo lo que nos había sucedido ese día, a fin de cuentas nunca he creído en las coincidencias.

Durante el vuelo no dejaba de pensar en Lauren, su radiante sonrisa se apoderaba de mis pensamientos, su aroma volvía a mí haciéndome estremecer, recordaba su delicioso aliento, el dulce sabor de su boca y sus delicados y carnudos labios, me hacía poner los vellos de punta. El vivo recuerdo de su presencia me envolvía en el más exquisito vaivén de pasiones. Aquella mujer me hizo sentir en tan solo un par de horas lo que ninguna otra mujer me había hecho sentir antes. No me resultaba fácil hallar una explicación, y por más vueltas que le diera al asunto volvía a donde había empezado sin poder encontrar una respuesta lógica, y tal vez ese era mi problema, la lógica no encajaba en todo esto, era algo que solo el tiempo me ayudaría a comprender, cuando dejase la "razón" a un lado y empezara a escuchar mi verdadero yo, ese ser interior que había estado oprimido tanto tiempo por mi orgullo, la arrogancia, el egoísmo y un pensamiento retrógrado que me negaba la oportunidad de aceptar el cambio.

CAPÍTULO 2

REGIMIENTO DE INFANTERÍA MECANIZADA "LEPANTO 3" VALENCIA –ESPAÑA

En la guardia del regimiento...

–Pero miren nada más quien llego, el instructor de instructores, Neythan, como te fue en tus vacaciones capullo.

–¡Hey Derek!, venga ese abrazo colega y gracias por el recibimiento. –Era mi gran amigo, como un hermano para mí, a quien confiaba mis secretos, nadie sabía tanto de mí como mi camarada de regimiento, el cabo Derek Zeneger. Como siempre me esperaba con una grata sonrisa de recibimiento.

–Ayudadme con estas maletas tío, pesan más que un matrimonio a la fuerza.

–¿Estás de broma?, por si no os habéis dado cuenta me acabo de hacer el manicure, al parecer tendremos mucho de qué hablar eh!

–¡Anda ya! Menuda mariconaza, me importa un comino tu maniculada, cárgate la más pesada cabrón. –Y ahí estábamos descojonados de la risa por las gilipolleces que decía Derek,

—¡Joder! ¡Que morro tiene este tío!, ¿No os provoca algo más su majestad? —soltó Derek con fingida cara de asombro y aguantando una carcajada que no demoró mucho en salir.

—Eres un pesado eh —refunfuñó entre dientes Derek mientras hacia un esfuerzo sobrehumano por levantar la pesada maleta y subirla al coche.

—Y tu una tiquismistis lloricona.

—¡Gracias Señorita Brown!

—¡De nada mademoiselle Zeneger! —no podía dejar de reír por las estupideces con las que salía Derek, parecía que tuviera un libro de gilipolleces memorizado por completo.

—¡Lo que tú digas capullo! —concluyó Derek mientras hacía un ademán con la mano a la altura de la cien para hacer un medio saludo militar, o a eso parecía ese gracioso y patético gesto que hizo con el dedo medio de su mano rozando su sien.

—Por supuesto que si colega, no te querrás perder ni un solo detalle. —contesté en medio de risas.

Terminamos de bajar las maletas del coche y nos fuimos rumbo a mi barraca que quedaba a unos 200 metros de la guardia principal.

En el regimiento todo seguía igual, pelotones de soldados ataviados con tanto equipaje como les fuera posible cargar, su fusil al pecho y chalecos llenos de municiones, se les veía con su peculiar equipaje trotando y animando con cantos militares bajo los rayos del imponente sol en pleno verano.

Fatiga, sueño, sudor y más sudor era lo que se podía apreciar en las caras de quien entraba al regimiento. Allí parecía nunca haber descanso para los alumnos militares de las diferentes especialidades, todo se hacía sobre la marcha, nadie caminaba a excepción de los instructores, el resto corrían en todo momento, parecía una colonia de hormigas donde todos se mueven tan rápido pero a la vez con tanta sincronía que pareciera no haber margen de error en las actividades que allí se realizaban.

El ruido procedente del polígono de granadas me hacía entrar en sintonía y recordar que estaba de vuelta en aquel lugar para cumplir con la misión de transformar jóvenes civiles en hombres con carácter de acero, protectores de los principios y buenas costumbres, bizarros y seguros en su actuar, cualidades dignas de un militar de nuestra nación, justo como mi hermano mayor me hubiera pedido que hiciera.

Introduje la llave en la cerradura de la puerta y al abrirla sentí un fresco aroma a lavanda que acaricio mi rostro, todo estaba en su lugar, limpio y organizado, como lo había dejado un mes atrás, al parecer alguien había limpiado el polvo de esos días que estuve ausente, el cobertor de mi cama aún tenía el mismo doblez que solía dejarle al lado de la almohada, mi aroma se conservaba intacto en las sabanas, señales de que nadie se había recostado en ella, abrí la cómoda para dejar las maletas y lo primero que vi fue mi viejo par de botas, un recuerdo cruzó en mis pensamientos como un rayo, me visualicé a mí mismo un tiempo atrás, recordando aquel día en que había decidido seguir los pasos de mi hermano mayor e iniciarme en una vida llena de sacrificio, alejado de los seres que más amaba, una vida llena de retos pero también de oportunidades, recordé con cariño la primera vez que porté orgulloso mi uniforme. En ese momento mi corazón latió fuerte a la vez que la piel se me erizaba, recordé que esa sensación experimenté el primer día, solo me hacía falta la sonrisa de mi hermano mientras me manifestaba sentirse orgulloso por mi gran logro, eso era algo que echaría de menos por el resto de mis días...

—Neythan, cuando supe que regresarías vine y limpié un poco el polvo para que te resultase más satisfactorio el recibimiento, espero no te moleste. —Me decía Derek mientras descargaba las maletas.

—¡Pero qué cosas dices Derek!, ¿molestarme yo? No habría porque hacerlo tío, todo lo contrario, te agradezco con creces el favor, sabéis bien que puedes entrar a la hora que quieras, esta también es tu habitación.

El cabo Derek aparte de ser mi gran amigo, era un agente del departamento de inteligencia, por ello casi siempre solía ausentarse sin previo aviso, atendiendo alguna operación como agente encubierto, cosa que rara vez me ocultaba a mí.

—Bueno Neythan, tomemos asiento porque al parecer tendremos mucho de que platicar. Derek estaba ansioso por saber cómo habían transcurrido mis vacaciones, aunque yo sabía que la parte que más le interesaba era lo referente a mujeres, siempre quería saber todo ¡que chismoso!

—Dame cinco minutos, me pongo mi uniforme y vamos al bar, nos tomamos algo refrescante y te voy contando como transcurrieron mis gratificantes vacaciones, hay algo que te va a gustar escuchar eh! Mi risa maliciosa causaba mucha intriga a mi amigo.

Salimos de mi habitación y no dejaba de bombardearme con preguntas, quería saber todo en cuestión de segundos, aunque "todo" para él, era si había conocido alguna mujer interesante, y por supuesto, si tenía amigas o hermanas con las que él pudiera ligar.

Me causaban mucha risa sus preguntas una detrás de la otra, ni siquiera me dejaba responder alguna.

—¡Hey tranquilo colega! ¡Ya vas a escuchar todo! No hay prisa camarada.

Una vez en el bar...

Un sitio tranquilo con música ambiental de fondo, pisos de fina y elegante madera y un característico olor a especias hacían de este un lugar cómodo para hablar. La mayoría de la gente a esa hora se encontraba en sus sitios de trabajo por lo que el lugar estaba casi solo. Nos sentamos en una mesa alejada de la entrada y ordenamos al bar tender Cervezas draft rebosantes en espuma y efervescencia, esa inigualable frescura que anhelaba deleitar mi paladar.

—Bueno Derek... déjame ver por dónde empezar

—Por el inicio ¿no? —Mi carcajada no se hizo esperar.

—Tú como siempre, al grano, el problema es que hay varios inicios mi queridísimo amigo, así que déjame ver por cual empiezo.

—¡Venga casanova!... no me digas que... ¿volviste con tu ex–novia? O... ¿estas saliendo con la morena despampanante que me presentaste hace un par de días? venga Ney, cuenta de una buena vez ¿quieres?

—Jajaja pero que cosas dices Derek, primero Con Sara no volvería ni loco y bueno... la morena "despampanante" como tú le dices está de viaje por Australia y regresa la próxima semana, tal vez nos veamos y salgamos a tomarnos algo, solo tal vez...

—Neythan, yo en tu lugar saldría con esa chica, ya has estado bastante tiempo solo después de lo de Sara, ¡yaaa no seas aguafiestas! ¡A este paso llegarás solo a la vejez! Pero... y entonces si no es ninguna de esas dos… ¡Joder! A poco y le pusiste atención a la rubia que te enviaba mensajitos ¿es eso verdad? ¡Qué cabrón eres tío!

–La verdad es que… estoy saliendo con las tres

Las carcajadas de ambos no pasaban desapercibidas, todas las miradas de los que se pasaban por el lugar se centraban hacia la mesa donde estábamos sentados mi amigo y yo.

–¡Era broma Derek!, nada de eso. De hecho esta vez las cosas han sido un poco diferentes.

–¿Diferentes? ¿A qué te refieres con "DIFERENTES"? –inquirió Derek.

–Aun no lo sé exactamente, pero espero aclarar este asunto muy pronto.

–¿Asunto? Y… ¿de qué asunto estamos hablando exactamente?

–Bueno primero te voy a contar como me fue en el viaje de ida a casa, el recibimiento por parte de mi querida madre y hermanos, que por cierto te envían muchas saludes, esperan que pronto puedas ir a visitarlos, fue estupendo, todos estaban felices de verme, me abrazaban y reímos hasta mas no poder. Estuve una semana en casa de mi madre en Cádiz, llegué justo para los cumpleaños de mi hermano así que ya te podrás imaginar el festín que me esperaba, esa semana salí un par de veces a pasear con mi prima LAura…

–¿LAura, la rubia de cuerpazo escultural que vino a visitarte el año pasado?

—Así es Derek, ahora está mucho más guapa que antes y sigue soltera, un día de estos te la presento.

—¿Queee...? Pero como es posible que semejante escultura de mujer esté aún más hermosa, eso tengo que verlo con mis propios ojos, debe ser toda una reina.

—Lo es, de verdad lo es. Pero no te fíes de las apariencias, no todo es lo que parece ser, a veces el lobo se viste de oveja para no llamar la atención.

—Si vienen de ti esas palabras, entonces es porque algo no va muy bien con esa chica eh!

—Tú lo has dicho colega.

A la semana siguiente me fui a visitar a Frank Ferreira ¿recuerdas a Frank?

—¿El tipo este que organiza eventos en Málaga?

—Exacto, ahora vive en Sevilla y trabaja con la compañía "Exclusive Nights" es la mejor compañía organizadora de eventos y fiestas de Sevilla.

—¿Sevilla? ¿Y qué hacías tú por Sevilla?

—Derek... solo tienes que atar cabos. Frank además de organizar las mejores fiestas de la ciudad es amigo mío, y a mí me encanta salir a divertirme ¿Qué crees que fui a hacer?

—Sí, que lento soy ¿no?, entonces... ¿supongo que conociste chicas muy guapas?

—¡Algo así! en especial una, se llama Valentina, morena de hermosa cabellera color negro, ojos celestes, sonrisa endemoniadamente perfecta, cuerpo esbelto, para resumir es una mujer "guapa".

—¿Saliste con ella?

—Digamos que fue algo así como… "conociendo mi lado opuesto por una semana", y vaya que esta chica si se tomó su papel muy en serio, me impresionó.

Mi cara de asombro tenía muerto de la risa a Derek quien no paraba de reventar en carcajadas cada vez más fuertes.

—Jajaja eres un cabrón, y… ¿qué le dijiste cuando te regresaste?

—Dije que la llamaría, pero… ahora que recuerdo nunca apunté su número.

Nos miramos el uno al otro y dejamos salir la más ruidosa y perturbadora de las carcajadas, nos reímos por más de 5 minutos sin detenernos, ya nos dolía el estómago de tanto hacerlo. Derek sin querer derramó su cerveza sobre la mesa, y ese fue motivo para seguir con la risa hasta más no poder, las lágrimas bajaban por nuestros rostros de tanto reír, la voz se perdía en cada intento de pronunciar una palabra.

—Pero ella tiene mi número, sé que Frank se lo ha dado, me llamará, tal vez vuelva a verla, me reí bastante con ella, parece ser buena chica.

—Entonces ¿te gusto lo suficiente como para querer volver a verla?

—Dije que tal vez volviera a verla, nunca dije que me haya gustado.

—¿Cuál fue el asunto que dijiste que tenías que aclarar? —Derek seguía con su curiosidad acerca de ese tan misterioso asunto, tal vez no debí abrir la boca al respecto. Era tarde para arrepentimientos.

Lo que había sucedido con Lauren fue algo que preferí guardarme para mí, decidí no contarle a Derek, primero tenía que aclararme a mí mismo que había sido exactamente todo lo que nos ocurrió"

—¿Pasó algo más con esta chica de Sevilla?

—No, no es nada relacionado con ella, Imagínate nada más Derek, yo en una relación con una mujer así, eso sería un caos total y un terrible dolor de cabeza, por algo te dije que fue conocer mi lado opuesto, y la verdad no creo volver a Sevilla por estos días.

—Si es todo lo opuesto a ti entonces iniciarte en una relación con ella sería algo como: "suicidio por accidente".

—O algo peor que eso —añadí en medio de carcajadas.

—¿Entonces cuál es el asunto? —inquirió Derek con notable curiosidad reflejada en su rostro.

—Verás, el día de mi viaje de regreso, me sucedió algo muy inusual.

—Te escucho. —soltó Derek mirándome fijamente sin pestañear.

—Cuando llegué al aeropuerto todos los vuelos fueron cancelados debido a una tormenta que afectaba el sector, estaba muy aburrido así que decidí irme a curiosear en una perfumería a escasos metros de la sala de espera, allí vi una mujer a la que considero un poco diferente, sentía que debía ir a conocerla y no pase de solo saludarla y decirle mi nombre, me sentí intimidado y algo extraño, como si mis músculos se tensionaran en contra de mi voluntad, esto me inquieto y me fui a sentar a la sala de espera pensando en el porqué podría haberme sentido así ante esa chica, luego desapareció, yo tomé mi vuelo y mírame, aquí estoy. Solo que me quedé pensando, nunca antes me había sucedido nada parecido.

—Eso suena muy raro viniendo de ti… ¿seguro que solo eso pasó? ¿No estarás omitiendo algún detalle? —Derek había empezado a sobarse la barbilla en un gesto que interpreté como dubitativo.

—¡Venga tío!, porque habría de ocultarte algo a ti, eres mi confidente ¿no?

—Bueno, sí, en eso tienes razón. —Derek parecía conocerme lo suficiente como para haberse dado cuenta de que le estaba ocultando la verdad, pero decidió no presionar y dejarme con mi secreto, seguro más adelante se lo contaría.

CAPÍTULO 3
INICIA LA ODISEA

¿Y esa cara Derek? ¿Qué te traes tío?

—Ney... perdón por no habértelo dicho desde que llegaste, solo que no quería que tu recibimiento fuera tan de mal gusto, pero... me urge ponerte al tanto.

—¿De qué me estás hablando? ¿Qué sucede? me empiezas a preocupar tío.

—¿Sabes que estos días que estuviste por fuera te han mencionado cientos de veces en las oficinas del comandante? hay rumores de que el coronel Thompson espera tener una larga charla contigo, y sé, que tú no estás enterado del porqué, pero tiene que ver con el pelotón de instrucción N° 25 del que estabas a cargo antes de irte a vacaciones.

—No entiendo exactamente a qué te refieres. —¡Joder! Y... ¿qué hicieron ahora los reclutas?

—El mismo día que te fuiste se desertaron cuatro soldados, Ruddenski,

Zikiel, Duncal y Veccio. Lo que agravó aún más la situación fue que se llevaron consigo todo el armamento de dotación, saquearon las oficinas de contrainteligencia llevándose información muy valiosa y asesinaron un centinela en su huida. Todo sucedió tan rápido que cuando la sirena sonó ya no había rastro de los cuatro desertores, fueron bastante rápidos en su maniobra, según cuentan se requiere de un amplio entrenamiento en exfiltración urbana para hacer algo semejante. Al parecer no eran simples soldados los que tenías en tu pelotón Neythan.

—Ya me doy cuenta, ahora entiendo porque eran tan eficientes en comparación con los otros soldados, como no pude haberlo sospechado antes ¡mierda!

Ahora el coronel Thompson piensa que tú tienes algo que ver con todo esto, porque eran tus hombres y se desaparecieron justo el mismo día de tu salida, afortunadamente no tienen evidencias que te relacionen con el caso.

Fuentes de inteligencia afirman que se les vio hablando con un grupo de hombres en las afueras de la ciudad la misma noche que se fugaron.

Se está relacionando a estos hombres con un nuevo grupo terrorista que pulula en todo España y algunas regiones del sur de Francia, su máxima concentración de milicianos está en Barcelona, han desplegado pequeñas células por cada provincia, algo muy grande se traen entre manos, aun no conocemos mucho sobre ellos, pero fuentes de inteligencia nos revelaron que han ensanchado sus filas de forma considerable y en tiempo récord, se empiezan a convertir en una amenaza bastante seria, si siguen reclutando nuevos integrantes a ese ritmo tan descomunal, puede que ETA o Al Qaeda pasen a ser un chiste si los comparamos con esta nueva organización terrorista.

Consiguieron hacerse pasar por soldados y se infiltraron en el regimiento, ahora tienen bases de datos e información del regimiento muy valiosa.

El coronel está aferrado a que tú tienes algún vínculo o relación con todo lo sucedido y lo más probable es que ahorita mismo te lleven a interrogatorio.

La alegría con la que había llegado se disipó en un instante, la angustia recorría todo mi ser, mis pensamientos parecían no tener orden, no podía creer lo que estaba escuchando. Quería cerrar los ojos y que al abrirlos todo fuera solo una pesadilla, no tenía idea de cómo iba a salir de esta, pero si de algo estaba seguro era de mi inocencia.

—¿Por qué no me avisaste antes Derek?

—Intenté hacerlo, te llamé cientos de veces pero tu teléfono sonaba apagado, te envié emails y nunca respondiste.

—Es cierto... perdí mi teléfono y estuve tan distraído viajando que no revisé mi correo. ¡Mierda! ¿Qué voy a hacer? ¿Cómo les explico que no tengo nada que ver en todo este asunto? ¡Soy inocente!

—Te creo amigo, yo creo en ti, pero ya sabes cómo es el procedimiento cuando sospechan de alguien, no van a estar convencidos solo con tu versión, habrá que demostrarlo con algún tipo de pruebas, o mejor aún, capturando a los responsables de todo esto, y eso es algo en lo que yo te puedo y te pienso ayudar, pero sabes que no es fácil y nadie asegura que el resultado sea exitoso, es como buscar una aguja en un pajar, ahorita mismo esos bandidos podrían estar cruzando la frontera hacía Francia o hacia marruecos sin ser detectados por las autoridades fronterizas.

—Derek, si salgo bien librado de esta voy a estar en deuda contigo por el resto de mi vida.

—¡Camaradas en las buenas y en las malas! ahora te voy a poner al tanto de las investigaciones que he estado haciendo estos últimos días. —decía mi colega intentando levantarme los ánimos.

—¿Investigaciones? Es decir... ¿ya has estado trabajando en el asunto?

—¡Por supuesto que sí! No pensaras que voy a permitirme ver a mi hermano tras las rejas, y mientras yo me quedo de brazos cruzados sin hacer nada...

—Ahora si estoy en deuda contigo Derek. Le dije mientras le daba un fuerte abrazo de agradecimiento.

—Dejemos los agradecimientos para otro día, tienes que estar al tanto de la situación antes de que te puedan llevar al interrogatorio, porque si te llevan dudo mucho que te dejen salir, así que presta mucha atención a lo que te voy a decir...

—¡De acuerdo! Soy todo oídos...

—¡Bien! Lo primero que debes saber es que los altos mandos le dieron al coronel Thompson un ultimátum de dar claridad a los hechos al término de un mes, de lo contrario será destituido de su cargo y recluido en el centro de retención militar "CEREMIL 2" mientras se adelantan investigaciones en su contra, parece ser que sospechan de él también, aún no sabemos los motivos pero eso fue lo que dijeron mis fuentes, Y es de suponerse que él hará cuanto pueda para hallar un culpable y librase de toda responsabilidad antes de que eso suceda, según él, ese culpable por ahora eres tu Neythan...

—No me esperaría menos de ese cretino, siempre me ha hecho la vida imposible en el regimiento, pero esta vez no se saldrá con la suya, ¡no le daré el gusto a ese canalla!

Sentía como la ira invadía mi cuerpo y nublaba mis pensamientos, mi odio a quien en los últimos tres años no había hecho otra cosa más que hacerme la vida imposible se incrementó a tal nivel que lo único en que podía pensar era en estrangularle el cuello con mis propias manos al gilipollas y sentir como se quebraban uno a uno sus huesos entre mis manos...

—Sé lo que estás pensando Ney, pero no hay tiempo para eso ahora. Debes saber que todas tus llamadas podrían ser monitoreadas, así que ten cuidado con lo que dices por teléfono, de ahora en adelante cuando tú y yo hablemos y se requiera mencionar al coronel lo haremos bajo el nombre clave de "ZAC" sea por teléfono o en persona.

—¿De acuerdo?

—De acuerdo Derek.

—Bien, ahora debes evitar todo tipo de provocación por parte de ZAC, no importa lo que te diga o lo que haga, debes mantener la serenidad y actuar con calma, recuerda que solo quiere hallar motivos para tenerte en prisión e inculparte a como dé lugar. Mientras tú hagas eso, nos centraremos en hallar a los desertores, ya tenemos pistas de a donde pudieron haber escapado, así que tendrás que emprender un largo viaje.

—¿Viaje? Pero no creo que en estos momentos me den autorización para salir del regimiento...

—De hecho no te la van a dar, tenlo por seguro. Solo que habrá que hacerlo de otra manera.

—¿A qué te refieres exactamente con... "de otra manera"?

—Neythan... Confía en mí, ya tengo los contactos que te ayudarán cuando llegues a Barcelona.

—¿Barcelona?

Mi cabeza daba vueltas y más vueltas, Derek era mi mejor amigo, pero su plan me generaba muchas dudas, no estaba seguro de si quería hacerlo o no. ¿Y, que ostia se supone que iría a hacer a Barcelona? ¿Por qué Barcelona? ¿Acaso no habría otra manera de solucionarlo sin tener que huir del regimiento? Pero… ¿y si no salía del regimiento como ostias iba a encontrar solución a todo este caos que se avecinaba?

"En la adversidad conviene muchas veces tomar un camino atrevido" Lucio Anneo Séneca

<< Si me voy me acusarán de terrorista y darán por hecho que soy culpable, pero… si me quedo no tendré como demostrar mi inocencia y terminarán culpándome de todos modos>> << ¿Qué hago?>> ¡Joder, mierda! ¡Que te den Thompson hijo de puta!

Maldecía una y otra vez sin poder hallar serenidad a mis pensamientos, la angustia y el odio se hacían cada vez más evidentes en mi semblante, sabía que tenía que ponerme en acción, pues de quedarme maldiciendo no cambiaría en nada las cosas.

—Sí, una unidad de inteligencia de la policía aseguró que los fugitivos estuvieron hace solo cuatro días en las "ramblas" Barcelona, se hacían pasar por turistas, así que es allí donde debemos empezar a trabajar. —Decía Derek sacándome al instante de mis turbios pensamientos.

—Pero… Derek yo nunca he trabajado como agente de inteligencia, siempre he sido parte de unidades de combate, he estado al frente de unidades tácticas, combatí en Bagdad, Kazajistán, el Congo, Somalia, Yibuti, conozco de armas, soy paracaidista, fuerzas especiales, pero… se más de cohetes intergalácticos que de ser agente de inteligencia, no tengo ni puñetera idea de que va eso...

–Tranquilo colega, ya había pensado en eso antes, mira, estos tipos no son delincuentes comunes, son militantes activos de una organización terrorista muy nueva, es poco lo que sabemos de ellos, si damos con su paradero será más sencillo llegar a sus comandantes y desmantelar gran parte de esta organización criminal, por esa razón a partir de ahora vas a ser parte del grupo de "agentes encubiertos no oficiales" o los "zorros solos" como se les suele llamar.

–¿Agentes encubiertos no oficiales? ¿Zorros solos? Dime que esto no me traerá más problemas Derek.

En mi mente algo me decía que las cosas estaban por ponerse peor aún; nada de lo que Derek decía pintaba bien, y a pesar que era él la única persona en quien podía confiar en esos momentos, me invadían las dudas.

Sabía que la ayuda que me estaba ofreciendo mi colega era la única luz de esperanza que me quedaba en medio del monumental tsunami de problemas que se había desatado en mi vida.

–No amigo, todo lo contrario, si todo sale bien esta podría ser la solución a todos tus problemas, o... ¿prefieres quedarte y ver cómo te condenan sin justificación?

–Tienes razón amigo, no tengo muchas opciones en estos momentos.

–Y en cuanto a lo que tienes que hacer, no te preocupes, ya hablé con mis superiores, les comenté el caso y accedieron a ayudarnos, ya sabes, es colaboración mutua, tu lograrás salir bien librado de todo este rollo y a su vez el departamento de inteligencia realizará una importante operación encubierta contra la creciente amenaza que empieza a significar esta organización criminal, obviamente sin exponer la credibilidad y efectividad que actualmente posee ante el gobierno, es decir, si todo sale bien, el DEINT (Departamento de Inteligencia) habrá acertado en la operación más importante de estos tiempos, todos serán felicitados, condecorados, habrán ascensos y blablablá, ya tú conoces todos esos actos protocolarios de basura, pero...

–¿Pero qué Derek? ¿Si la misión sale mal que pasa?

–Joder tío, la misión saldrá bien, no andes diciendo estupideces, yo te conozco Neythan, mi hermano de armas, esta misión será una más para tu colección.   –pude notar como Derek trataba de animarme y darme esa confianza que necesitaba para afrontar el lío que estaba por venírseme en los próximos días. Pero por la expresión en su semblante supe que esta sería una de las atípicas misiones donde si se llegase a fallar me declararían en "código negro", lo que significaba que el gobierno español me desconocería por completo y rompería de inmediato toda evidencia que pudiera probar nuestros vínculos laborales, en pocas palabras era una misión que no permitía fallar, o sería aventado al pozo de los leones por mi propio bando, algo difícil de aceptar pero así se hacían las cosas por cuestiones diplomáticas.–

Además –continuó diciendo Derek. Después de verificar tu expediente y darse cuenta de las muchas operaciones en las que has participado, decidieron que no solo te van a ayudar, sino que también estuvieron de acuerdo en que eres el hombre adecuado para ejecutar la misión y luego ser restituido y ascendido de tu cargo en Lepanto.

–Entiendo, eso quiere decir que me usarán como carne de cañón para probar suerte en una operación de dudoso resultado, he de suponer que no será nada fácil y mi pellejo estará más expuesto que nunca, si me descubren, se acabó misión y seré lanzado a las fauces del enemigo.

–Siempre he admirado tu increíble capacidad para deducir las cosas. –Me decía Derek con una ligera sonrisa mientras apoyaba su brazo en mi hombro con la mayor naturalidad que emana una usual charla entre dos buenos amigos. No quería levantar la más mínima sospecha de este nuevo y riesgoso plan–

–Pero no es nada fuera de lo usual, nuestra carrera siempre ha puesto nuestras vidas en peligro Ney, esta vez no será nada diferente de lo que solemos hacer, no te preocupes colega, ten en cuenta que posees un amplio y basto entrenamiento, ese es tu as bajo la manga, y solo serán pequeñas cosas adicionales a lo que ya sabes hacer. Una vez llegues a Barcelona recibirás instrucciones y tendrás todo un día aprendiendo lo que será tu trabajo de ahora en adelante, en el transcurso de los días te irán brindando apoyo hasta que se logre concluir la misión y reunir paquetes de información suficientes para dar un golpe contundente a esta emergente amenaza, el resto será practica sobre la marcha, ya has escuchado el viejo refrán "la práctica hace al maestro"

–¡Pues vaya forma de practicar!

–No seas un crío que a todo le pone pegas y enfócate en el nuevo entrenamiento.

–No sé cómo le puedes llamar entrenamiento a un solo día de fanfarronería. –Le dije con suspicacia y cara de poca credibilidad–.

–Pues ya verás lo mucho que puedes aprender en "un día de fanfarronería" como tú le llamas.

<<Si tan solo estuviera el sargento Llorente aquí… Estoy seguro que él sabría cómo ayudarme a salir de esta. Como le echo de menos…>>

Mi rostro reflejaba la preocupación que sentía en el momento, era difícil mantener la calma, ¿Cómo iba a estar preparado para trabajar como agente encubierto en un día? Esto era una locura, la angustia se apoderaba de mí cada vez más, pero sabía que no me quedaba elección, era eso o dejar que el bastardo de Thompson se saliera con la suya y me pusiera tras las rejas por un crimen que yo no había cometido, en el fondo sabía que ese miserable era más corrupto que cualquier persona que hubiese conocido, pero afortunadamente para mí, el gilipollas no tenía pruebas para inculparme, o al menos no por el momento…

—Ney… tranquilo, no es nada del otro mundo, tú lo has hecho antes en situaciones similares, el trabajo es muy parecido, solo presta mucha atención a las instrucciones y ya está.

Me hallaba sumido en un trance mental maquinando acerca de todo lo que estaba ocurriendo, aún no lograba asimilar la situación, mi colega me tomó fuerte por los hombros y me dio un sacudón mientras me decía:

—Venga tío, cambia esa puta cara chaval, pareces un crío que perdió a su mamita, estas tan pálido como mis botas.

—Ya déjate de chorradas, es solo que todo esto no me suena a buen rollo, me da la impresión de que va a ser un gran lío, ¿pero… en serio tan evidente es mi cara de angustia Derek?

—Pues estáis tan pálido que fácilmente se te podría confundir con un muerto —la carcajada de Derek me producía una risa nerviosa que se desvanecía en cada intento de reír.

–Vamos Ney. Salgamos de aquí, nos veremos esta noche en tu barraca para darte los últimos detalles y planear tu salida del regimiento.

–Tienes razón, debo enfocarme en salir sin ser visto del regimiento, y debe ser esta misma noche. La hora de la cena es a las dieciocho horas, pasemos al comedor para que no sospechen nuestra ausencia y una vez saludemos a varios conocidos nos iremos de inmediato a mi barraca a terminar de concluir el plan, por si ZAC llegase a tener a alguien ya vigilándome le haremos creer que todo por aquí está de lo más normal.

–Vale, así lo haremos tío, hasta la hora de la cena camarada.

Mi amigo salió primero del bar, iba caminando con la mayor naturalidad del mundo, sacó un cigarro de su bolsillo y se dispuso a encenderlo mientras levantaba su mano derecha hasta la altura de la visera de la gorra para dar el respectivo saludo militar a un superior que pasaba por el lugar, continuó con su pasó lento.

Desde donde yo estaba se veían las pequeñas humaradas que expedía su cigarro desvaneciéndose en la distancia y haciéndose cada vez más pequeñas. Como anhelaba poder gozar de esa tranquilidad de mi amigo, sabía que no era momento para lamentos, tenía asuntos muy serios en que enfocarme.

Derek fue rumbo a su área de trabajo, tenía que comunicarle a sus superiores que yo estaba dispuesto a colaborar con la misión, y a su vez informales para que preparasen la logística ante mi llegada a Barcelona; si todo salía bien esa noche y conseguía huir del regimiento iba a convertirme en un desertor, muy probablemente me acusarían de terrorista, traición a la patria, hurto de armamento militar y quien sabe que cantidad de cosas más, me empezarían a buscar por cielo y tierra hasta dar con mi paradero.

Definitivamente necesitaba la ayuda que me estaba ofreciendo el DEINT aunque sabía esta era una misión con pocas probabilidades de éxito, no me quedaba otra alternativa, tenía que hacerlo.

"Estar preparado es importante, saber esperar lo es aún más, pero aprovechar el momento adecuado es la clave de la vida" **Arthur Schnitzler**

Me terminé mi bebida de un solo sorbo, caminé a paso lento hasta donde estaba el bar tender, pagué la cuenta y salí rumbo a mi barraca, por suerte en el regimiento se nos solía dar el día libre a los militares que llegábamos de vacaciones para que pudiésemos instalarnos nuevamente en la barraca, hacer todo el procedimiento de registro previo a la llegada y dejar todo en orden para iniciar labores al día siguiente. Justo eso era lo que necesitaba, solo ese día para emprender mi huida.

Sentía que tenía una oportunidad única, era definitivamente un chollazo, no podía darme el lujo de dejarla pasar o estaría perdido tras los gruesos y fríos barrotes de una oscura celda por quien sabe cuántos años. Lo frustrante del caso y no dejaba de dar vueltas en mi cabeza era el hecho de que yo en realidad no tenía ninguna relación o vínculo con todos esos acontecimientos de los que se me calumniaba.

De camino a mi barraca me encontré con el sargento Merth, ("gigantón" como le solíamos decir, un hombre moreno, corpulento de hombros anchos, unos 45 años y una pronunciada cicatriz sobre el ojo izquierdo producto de la esquirla de una granada enemiga en Pakistán) quien me saludó militarmente levantando su mano derecha a la altura de la visera de la gorra en forma de bienvenida, yo de inmediato y como se nos enseña a los militares me puse en frente de el con los pies en posición de firmes, levanté mi mano derecha para responder el saludo y hacer la respectiva presentación para cuando se llega de un permiso.

—Sargento buenos días permiso para hablar, se presenta el cabo Brown quien se encontraba de vacaciones sin novedad especial sargento.

—Continúe cabo.

Bajamos ambos las manos y ya de manera más informal se acerca el sargento sonriendo a estrechar mi mano

—Que gusto verlo Señor Brown, no lo había visto desde que estuvimos en la operación Thunder2 en Somalia.

—Si sargento, ya han sido algunos meses desde la última vez, aún recuerdo el zumbar de las balas pasando por encima de nuestras cabezas mientras llegábamos al punto de extracción, fue un día para nunca olvidar.

—Un día para nunca olvidar y una misión verdaderamente exitosa Señor Brown, espero verlo en mi equipo muy pronto, rumbo a una nueva operación.

—Yo sirvo donde nuestra nación lo requiera sargento, como ya sabéis el deber es antes que la vida y si mi deber está en una nueva operación entonces allá os veremos sargento.

—Usted lo ha dicho cabo, allá os veremos, ahora permiso lo dejo, hay asuntos en este regimiento que no dan espera.

—Hasta pronto sargento. —le dije levantando una mano mientras este seguía con paso apresurado en dirección contraria de a donde yo me dirigía.

—Cuídate hijo.

CAPÍTULO 4

18:00 HORAS

Mi corazón latía a un ritmo desesperado, nunca me imaginé que tendría que salir huyendo de la institución que tanto respeto y admiración me inspiraba, siempre fui un militar subordinado, el honor y la lealtad a mis superiores estaban por encima de cualquier cosa, sentía con profundo odio como el coronel Thompson me quería hundir para él lavarse las manos y salir limpio, era una jugada muy sucia, a partir de ese momento todo cambiaría para mi <<mi único superior es Dios, Thompson y todos los que estén metidos en este rollito van a pagar por lo que me están haciendo pasar, malditas ratas pagaran muy caro ¡lo juro! >> una pequeña lágrima deslizaba a paso lento por mi mejilla, no recuerdo que algo así me hubiese ocurrido antes, pero sabía que era producto del odio que sentía, la ira y el creciente deseo por darle de baja al coronel Thompson en ese mismo instante. Tenía que actuar con cordura y no dejarme llevar por mis impulsos, era algo que había aprendido muy bien en el curso de fuerzas especiales: *"nunca ataques al enemigo cuando exista odio en tu corazón, eso te hará débil y serás derrotado fácilmente, serénate, y enfócate en el combate"* esas eran las palabras del instructor que no paraban de resonar en mi cabeza. Era cierto, tenía que ser más inteligente y enfocarme en un combate diferente a todos los que había conocido antes, un combate que implicaba un alto grado de astucia, perseverancia, perspicacia y mucha destreza mental.

Tres golpes en la puerta de mi barraca me hicieron dar un pequeño salto sacándome de mis cavilaciones y haciéndome entrar en situación.

—Ney soy yo

—Uffff —era mi camarada.

—Que buen susto me diste con esa forma de tocar–reclamé aún un poco alterado.

—Perdón Ney, ya sabes que no se me dan las sutilezas. —decía Derek con cara de disculpa

—Pasa, pon pestillo a la puerta.

—Bien, tenemos cinco minutos para ultimar detalles —empezó diciendo Derek. —luego iremos al comedor, guarda esta agenda, aquí tienes indicaciones muy puntuales que deberás seguir una vez logres salir del regimiento, incluidos algunos números a los que deberás llamar cuando llegues a Barcelona, te van a estar esperando en la dirección que está ahí escrita, viajarás por tierra para evitar los controles del aeropuerto, cuando te encuentres con el contacto que te va a estar esperando en la dirección acordada debes decir dos veces el código secreto que hemos determinado para ti y es "Aloha"

—¿Aloha? ¿Es en serio? Menuda mariconada ¿No pudiste pensar en algo más masculino?

—Lo siento Ney, fue lo primero que se me vino a la mente.

—Bien, prosigue. —contesté con cara de resignación.

—En las afueras de Barcelona hay un puesto policial de control, justo por donde tú vas a llegar, debes bajarte antes y cruzar caminando por la pequeña población situada al borde de la vía principal, busca la antigua vía del tren, síguela en sentido norte, así llegaras hasta una parada de autobús lejos del puesto de control, todo eso no debería tomarte más de dos horas, luego tomarás el bus 57B, te llevará hasta una ubicación cercana a la dirección que llevas apuntada en la agenda, de ahí en adelante buena suerte amigo mío.

—Entendido, son varias cosas que debo tener presentes, especialmente que me van a estar buscando como sabuesos a su presa, cada pequeño paso que dé será con suma cautela.

—Es correcto Ney, así que tu primera misión será llegar a esa dirección que llevas apuntada sin ser detectado.

—No será fácil, pero tampoco imposible.

—Sé que lo harás bien Ney, confío en que así será, pero ahora cuéntame cómo has pensado en salir del regimiento, recuerda que solo tienes libre hoy.

—No te preocupes camarada ya lo tengo arreglado, saldré por la apertura que dejó el capitán cuando estrelló la tanqueta de instrucción, ¿te acuerdas?

—¡Ha! ¡sí!, el capitán Martínez, el que quería saber si el muro era resistente a todo —la carcajada de ambos no se hizo esperar.
—¡claro!, cómo no se me ocurrió antes, esa es una buena opción, el problema son los centinelas que hay en las torres de cada lado

—También pensé en eso, justo a la hora en que hacen el relevo de guardia, hice un estimado y tengo aproximadamente un minuto mientras los centinelas se distraen pasándose las novedades durante el turno para ser relevados, tendré que ser rápido si quiero conseguirlo, pues será mi única oportunidad.

—Tendrás a tu favor la poca visibilidad que ofrece la noche, esa área no dispone de mucha iluminación, vas a salir directo a la calle que da detrás del regimiento, es un lugar que suele estar solo y a esta hora no acostumbran haber personas transitando por el ahí.

Si todo sale bien, y confió en que así será, podrías correr un par de metros y ya llegarías a algún vecindario donde puedes seguir avanzando con más tranquilidad. Valencia es una ciudad que nunca duerme, pero la calle de detrás del muro siempre ha sido como una especie de lugar olvidado, aprovecha eso, y procura no llamar mucho la atención, te vendrá bien pasar desapercibido.

—Así es camarada, venga vamos, ya es hora de la cena, será el último plato de exquisitos rocafrijoles que me comeré en este regimiento, la casa invita así que podréis comer hasta reventar eh. —una sonrisa malévola se dibujaba en mi rostro, pues sabía muy bien como mi compañero odiaba ese plato de frijoles tan peculiar, las carcajadas de este no se hicieron esperar y en medio de risas me dio tremendo puñetazo en el hombro haciéndome tambalear que por poco termino clavando los dientes en la pared de la barraca.

—Lo que tú digas tío, te pediré doble porción del suculento manjar.

La risa de Derek me venía muy bien, de solo escuchar sus carcajadas me alentaba a soltar las mías de manera casi que autómata, era la mejor manera de disipar los nervios y vaya que había sido un método altamente efectivo.

—¡Andando!, esos frijoles esperan —apremié a Derek.

Salimos de la barraca en medio de risotadas rumbo al comedor, todo debería parecer lo más natural posible y nosotros hacíamos el papel con la mayor sencillez del mundo.

Sabía que el relevo de guardia se hacía a las diecinueve horas, así que debería darme prisa para concluir el plan.

—Esta mierda sabe igual de desagradable que siempre, ni siquiera se toman la molestia de calentarlos. No sé cómo te puedes comer ese mejunje con agrado, hasta parece que realmente los disfrutaras. Para serte honesto a mí me saben a mierda. —Me decía Derek con una notoria cara de irritación mientras veía con desagrado el inconsistente y viscoso contenido de su plato.

—¿Qué pasa camarada? —le decía a Derek con una sonrisa sarcástica mientras intentaba conseguir penetrar la dura coraza del congelado frijol al que tenía apresado en mi plato con el tenedor, ¡realmente eran a prueba de tenedores! tal vez esa era la razón de porque siempre cuando los servían te brindaban una cuchara en vez de tenedor.

—¿Acaso no te gustan los apetitosos frijoles a la roca? —no podía parar de reírme al ver el enojo reflejado en la cara de mi amigo por el desagradable sabor de la cena, que por cierto desde hacía dos años cada miércoles era la misma (pasta de frijoles tipo balineras de coche, puré de patata y un café tan frío que calaba hasta los huesos)

—¡Já!, ¡muy chistoso! Espero y aún tengas dientes buenos para cuando acabes con tu plato de piedras —musitó Derek mientras intentaba masticar la balinera en forma de frijol que se había metido en la boca desde ya más de un minuto y aun no conseguía tragar —esta mierda hoy no voy a cenar, no se tu pero yo por hoy paso, quiero tener dientes buenos para el día de mi ascenso.

—¿Tan pronto te han notificado de tu próximo ascenso?

—No, pero igual quiero conservar mis dientes. —y dándose al fin por vencido terminó escupiendo el congelado frijol que salió disparado rebotando en un rincón de la mesa, había estado intentando tragárselo desde que nos sentamos.

—Frijol 1, Derek 0

Después de habernos reído unos segundos por el marcador final de la batalla con los frijoles me acerqué un poco hacia mi amigo por encima de la mesa y en voz baja le dije: si todo sale bien hoy, esta será la última comida que tendré en no sé cuánto tiempo, y no quiero salir afuera con el estómago vacío, no tendré tiempo para ponerme a buscar comida, por eso llenaré mi estómago con este mejunje, así mi paladar se rehúse a saborearlo.

—Ah vale, viéndolo desde ese punto y por lo incierto de las circunstancias hasta yo también me lo comería, pero… ¿sabes? Te salvaré la vida, te obsequio mi cena. Bien decía el padre en la iglesia "dad de comer al hambriento", buen provecho camarada —estas últimas palabras las pronunció imitando voz de párroco, con las palmas de sus manos levantadas y mirando hacia el cielo como si asemejase al sacerdote en su santo discurso de los domingos, luego se incorporó en su asiento y me fue acercando lentamente su plato en medio de una subliminal y macabra sonrisa. —Maldito Derek se divertía dándome sus frijoles.

—Déjate de chorradas tío que tú nunca has de haber puesto tus pecaminosos pies en una iglesia.

—¡Huy!, ¡perdón su santidad! —Me descojonaba de la risa los gestos tan estrambóticos que hacia Derek para referirse a cosas santas.

Las carcajadas de mi compañero me hacían mermar los nervios, y vaya que si era cierto, estaba horrible ese mejunje que hacían pasar por cena, pero para mí era incierto lo que me depararía el resto de la noche, así que no quería sumarle el hecho de tener el estómago crujiendo y recriminándome por no haber comido antes de salir.

—¡Anda ya! Tengo que terminar de desempacar algunas cosas que traje, —le dije a mi compañero en voz alta para que los de la mesa de al lado escuchasen y no se sospechara nada por nuestra pronta salida del comedor.

—Pues no se diga más, ¡a por ello!

CAPÍTULO 5

18:50 HORAS

No puedo negar que estoy nervioso, escapar de mis propias tropas me causa un repudio irreprochable hacia mí mismo, que sensación más extraña, maldita sea, es ahora o nunca>>

—¡Clac! ¡Clac! —el chasquido de dedos que hizo mi camarada me sacó de mis pensamientos y me trajo de vuelta a la realidad, a "mi realidad". —eyyy, Neythan, mira, ahí van los soldados a relevar la guardia. Parecía que estuvieras dormido con los ojos abiertos camarada, estuve a punto de darte un buen trancazo a ver si reaccionabas.

—Lo siento camarada estaba pensando en lo que voy a hacer en contados minutos, aun me surgen dudas de que tan buena idea sea todo esto.

—A estas alturas no deberías estar dudando Ney.

—Tienes razón, es solo que... ¡nada, olvídalo, a lo que vinimos Derek! —me costaba tener que aceptar que estaba huyendo por algo que sabía bien no era culpable, pero... por otro lado sabía que no tenía más alternativa, a no ser que estuviera dispuesto a pasar muchos años detrás de fríos barrotes, y eso definitivamente no pasaría, o al menos no sin antes haber luchado lo suficiente por demostrar mi inocencia, no se las pondría tan fácil después de todo.

—¿No te estarás acojonando en estos momentos tío? Porque la faena apenas si va a empezar

—De eso ni hablar tío, ¡vamos a por ello! —Derek estaba agachado junto a mí, nos cubría un manto de oscuridad proporcionado por la sombra de un viejo camión de transporte de tropas. Estábamos a solo 20 metros del muro donde se podía ver con claridad como algún genio de la construcción habían enmendado con cintas amarillas de advertencia el agujero causado por la tanqueta, la luz del alumbrado daba en todo el lugar hasta unos dos metros antes del muro donde esta se desvanecía por la sombra de la gran pared –¡joder! ¡Esto fue como mandado a hacer! Me dije para mis adentros divisando la perfecta apertura en la pared que me facilitaría en muchísimo la salida.

En ese momento nos alertamos al divisar como se acercaba a la torre de vigilancia más cercana una pequeña escuadra de 8 soldados marchando en perfecta sincronía, un **SS** (Suboficial de Servicio) supervisando que se cumpliera el relevo de los centinelas que ya habían cumplido con sus seis horas de guardia. Se tomarían aproximadamente un minuto haciendo su presentación militar y pasándose las novedades para posterior continuar hacia las otras garitas (Torres de vigilancia). Y era ese minuto el tiempo exacto que tenía yo para emprender mi huida, no podía siquiera vacilar en el intento. Como ya conocía la forma en que se hacían los relevos supuse que justo en el momento en que el centinela de guardia se pusiera en posición de firmes delante del SS empezaría la cuenta regresiva para mí.

—Derek, mi hermano de una y mil batallas —le dije a mi compañero mientras posaba mi mano firmemente en su hombro—espero que esta no sea la última vez que nos veamos, mi futuro es un mar de incertidumbre, y me gustaría poder agradecértelo en una próxima ocasión, pero como te puedes dar cuenta no estoy en condición de poder prometer nada, así que por si no te llegase a ver mi querido amigo, déjame darte mis más sincero agradecimiento.

—¡Venga Ney!–me dijo estrechando su mano firmemente contra la mía, varios años de amistad habían conseguido crear un vínculo afectivo muy especial entre dos buenos camaradas, siempre lo consideré como a un hermano. —deja lo de poético para cuando nos estemos descojonando tomando un par de cañitas con unas de esas tías buenorras que conoces, sé que nos veremos más adelante y para entonces tal vez ya vayas a tener sobrino —me decía mientras se tapaba la boca para no descojonarse ahí mismo de la risa.

—No sé como pero eso me lo tenéis que contar maldito ligón, que bien lo tenías guardado eh. —no pude evitar reírme unos segundos con mi compañero.

—No pensarías que tú eras el único galanazo por aquí eh, buscaré la manera de hacerte llegar la noticia, pero ahora ya llegó el momento de despedirnos "Sensei" —esa última palabra la dijo en tono de burla mientras hacía una venia hacia mí. Maldito Derek siempre sabía cómo sacarme el buen humor incluso en los peores momentos

—¡Que te den soplapollas! —le dije en medio de una sonrisa burlona a mi amigo, tal vez sería la última sonrisa que se compartía entre dos grandes amigos, tal vez sí, tal vez no, sería una gran desfachatez querer predecir los tiempos venideros…

—Derek faltan solo un par de segundos, esto pinta muy mal rollo tío.

—No te acojones Ney, es ahora o nunca. —cuando mi amigo terminó de decir la frase pude ver como el centinela de turno se ponía en posición de firme frente al SS, justo como supuse que lo haría.

—Tú lo has dicho Derek —apenas si había terminado de pronunciar esas palabras cuando di un salto sigiloso y empecé a correr rápido y a la vez procurando no hacer ningún ruido para llegar hasta el otro lado donde estaba el agujero que me permitiría escapar.

Me detuve lentamente hasta quedar oculto por la sombra de la pared de concreto, el momento había llegado…

Me detuve un segundo ante la apertura en la pared por donde me disponía a escapar <<y bien… Tal parece ser que a partir de este momento doy inicio oficial a mi odisea>> <<no se diga más. ¡A por ello soldado!>>

"Cuando la situación es adversa y la esperanza poca, las determinaciones drásticas son las más seguras" **Tito Livio.**

Estiré mi brazo para apartar un poco la cinta amarilla que protegía el agujero mientras me disponía a cruzar y nada mas haber tocado la maldita cinta empezaron a sonar sirenas por todos lados, la había cagado hasta el fondo, como no se me ocurrió antes que algún tipo de sensor de movimiento pudo haber sido instalado mientras concluían las reparaciones del maldito agujero, que cándido fui al pensar que unas estúpidas cintitas amarillas era toda la protección que le había puesto a una improvisada entrada de uno de los fuertes militares más importantes del país.

Ya era tarde para lamentos, tenía que seguir con el plan, escuché el grito de uno de los centinelas de la torre más cercana y al poco tiempo el ruido de un proyectil impactando a escasos milímetros de mi hombro, ¡siiiii!, el muy hijo de puta me había disparado, maldije al soldado y agradecí a el que hubiese sido su instructor de tiro, por suerte para mí el gilipollas no dio en el blanco, no le daría oportunidad para un segundo disparo.

La adrenalina tomo las riendas de mi cuerpo y di un enérgico salto al interior del agujero, fui a parar al otro lado del muro, mis músculos se tensionaron al máximo, los bellos de la nuca se me erizaron y sentía como mi corazón bombeaba sangre a borbotones, mi cuerpo ya sabía lo que se avecinaba y estaba preparado para ello, no era la primera vez ante una situación hostil, aunque en esta ocasión las reglas de combate eran completamente distintas.

Emprendí mi huida corriendo a toda la velocidad que mis piernas me permitían alcanzar, En ese momento pude apreciar el resultado de tantas horas que solía pasar en el gimnasio machacando mis músculos hasta más no poder, mi cuerpo respondía de una manera sinérgicamente perfecta, la adrenalina que experimentaba era exorbitante, parecía que ni un corredor olímpico pudiese igualarme en ese momento.

Atrás de mí se escuchaban disparos que impactaban con brutal furia el pavimento a mis alrededores, venían ráfagas seguidas una tras de otra pero no conseguían dar en el blanco, un blanco que corría cual relámpago empedernido anunciando la llegada de una tormenta, un blanco que cargaba en sus espaldas años de experiencia en combate y no estaba dispuesto a dejarse amedrentar por los disparos de soldados novatos.

Corría ágilmente entre los escasos coches que habían aparcados en la usualmente solitaria calle que daba detrás del regimiento, iba zigzagueando para no dar la oportunidad a mis verdugos de concebir acertar un disparo limpio.

Corría serpenteando sin dejar un patrón claro y resultar lo más impredecible que pudiera, algo que había aprendido en mi entrenamiento como fuerzas especiales "nunca permitas que el enemigo prevea tu siguiente pisada, porque para cuando quieras reaccionar seguramente ya estés muerto"

Levante un poco la mirada por una milésima de segundo sin bajar el ritmo y alcance a divisar un viejo Renault 21 de los años 90 a pocos metros, aparcado en una orilla de la acera, como reacción instintiva di un tremendo salto cayendo justo detrás del coche, este me protegía de los impactos de fusil que empezaban a hacerse sentir rompiendo los vidrios y aboyando todo a su paso. El coche–cubierta me daría unos segundos para pensar en mi siguiente movida. Me tendí en el piso cerca a las llantas para asegurarme de no ser alcanzado por las balas. Había un viejo bloque de edificios a pocos metros de mi ubicación, era la oportunidad perfecta, y de hecho era la única que tenía, no tuve siquiera que pensarlo, ese era el lugar a donde debería moverme.

Empecé a avanzar arrastrándome, procurando dar la menor silueta posible, las ráfagas no cesaban y los proyectiles impactando a escasos centímetros de mi cuerpo tampoco.

El zumbar de las balas cuando pasaban por sobre mi cabeza era el vivo recordatorio y una clara advertencia de que no debía levantarme en lo más mínimo si quería seguir con vida, seguí avanzando arrastras tan rápido como mis brazos me lo permitían. Mis codos sangrantes empezaban a colorear un camino rojo a medida que seguía avanzando, ni siquiera me había percatado del momento en que mi camisa se había roto dejando a mis codos descubiertos recibir la mordaz caricia del pavimento. Lo último que quería en ese momento era dejar algún rastro de sangre con el que pudieran hallarme. Por suerte el viejo coche aún seguía interponiéndose entre la trayectoria de las balas y yo, eso me dio la oportunidad de llegar hasta el muro de concreto que daba inicio al bloque de edificios, tan pronto concebí cruzar el ultimo centímetro de mi pie quedando completamente detrás del muro, me levante y di un fuerte respiro.

–Mi próximo coche será un Renault, uno de esos mismos –me dije a mi mismo pensando en el viejo coche que hace pocos segundos me había permitido librarme de la indeseada muerte–.

Terminé de rasgar los restos del destrozado uniforme camuflado que aun colgaban de mis brazos, tomé los trozos y los até fuertemente a cada uno de mis codos deteniendo al instante el sangrado que hasta ese momento no había querido cesar.

Por la algarabía que alcanzaba a escuchar pude deducir que había salido todo un pelotón completo en mi búsqueda, se había armado la marimorena.

Empecé a adentrarme en aquel viejo bloque de edificios, dudaba que pudiesen vivir personas en tan deteriorado y fúnebre lugar, no se veía un alma por sus estrechos callejones, ninguna luz encendida se veía cerca ni mucho menos en la distancia. La hierba había empezado a crecer en casi todas las paredes, lo que le daba aún más ese aspecto sombrío e inquietante al extraño y abandonado vecindario.

No era la primera vez que visitaba el lugar, pero si era la primera vez que me empezaba a preguntar por qué un sitio tan grande estaría inhabitado y carente de vida alguna, pareciera que hasta los bichos y animales lo evitaban a toda costa, nunca antes me había fijado en ese detalle, y darme cuenta justo en esos momentos me hacía erizar la piel, desgraciadamente tenía que adentrarme en el lugar si quería salvar mi pellejo.

En muchas de las patrullas que solía hacer de noche normalmente pasaba por ese sector con mis soldados, solo que esta vez las circunstancias no se asemejaban en lo más mínimo, en vez de estar acompañado de soldados bajo mi mando estaba huyendo de esos soldados que ahora no dudarían en apuntarme con sus fusiles y tirar del gatillo.

Justo en ese momento recordé un episodio ocurrido en ese lugar. Una noche durante una de mis tantas patrullas nocturnas se me había extraviado un soldado, el muy hijo de p… se había metido en una alcantarilla a fumarse su mierda. Me dio un gran lío hallarlo, de no ser por el hedor a esa mierda que se fumaba y el humo que expedía la alcantarilla me hubiese sido imposible encontrarlo, recordé la forma abrupta en como lo saqué de ese repugnante hueco, levanté con algo de dificultad la tapa de la alcantarilla y lo hallé con los ojos rojos y una inconfundible cara de pánico, fue entonces cuando de un solo tirón de su brazo lo puse de pie fuera del asqueroso agujero.

Fue grato tener vivo ese recuerdo en el momento indicado. En ese instante agradecí al soldado en mis pensamientos y procedí casi que de inmediato al lugar.

La hierba había crecido mucho más de lo que yo recordaba desde aquella vez, casi no logro hallar la vieja y oxidada tapa de la alcantarilla, lo que me pareció esplendido, aportaría un poco más de cobertura a mi escondite, una sonrisa de satisfacción se había dibujado en mi rostro, esa era mi salvación. Levante la tapa lentamente para no estropear la hierba que me ayudaría a mantener oculta la entrada a los ductos, unas ves adentro volví a bajar la tapa con total delicadeza de no alterar nada a sus alrededores, todo debería seguir como si nunca hubiese sido abierta.

Empecé a descender por la escalerilla y cuando alcancé con mis pies el suelo me percaté que había agua poco profunda estancada, debía llevar mucho tiempo allí porque expedía una fetidez putrefacta que me caló hasta los huesos. Mi pobre estómago libraba una gran batalla por contener adentro el mejunje de frijoles y el puré de patata que había cenado antes de salir de la base.

Al parecer hace mucho tiempo que nada entraba ni salía de ese lugar.

Un gran ruido proveniente del exterior me puso en alerta, sabía muy bien de lo que se trataba, me quedé completamente quieto procurando no hacer ningún ruido o movimiento extraño que pudiera delatar mi ubicación, sentía como mis músculos se tensaban expectantes a una posible reacción de último momento.

Una sensación exasperante me recorría de pies a cabeza, tenía bastante clara la desventaja ante el enemigo, yo era un militar completamente desarmado y ellos un pelotón de 36 hombres adiestrados para el combate, equipados con fusiles automáticos HK–243 de última generación, pistola 9 milímetros y puñal tipo comando, si me hallaban solo un milagro podría salvarme.

Escuchaba el ajetreo de los soldados corriendo por todos lados y una inconfundible voz que por algún motivo estaba muy cerca de la alcantarilla donde yo estaba escondido, por un momento pensé que iba a levantar la escotilla, pero afortunadamente no fue así.

–Lo quiero vivo o muerto pero que no escape, ese maldito traidor debe agradecer que al menos morirá de manera rápida e indolora. –fueron las palabras que gritaba Thompson a los soldados. Ya con eso me quedaba claro que lo único que quería era mi muerte, supuse que con ello lograría de una vez por todas culparme a viva voz de los delitos del regimiento, y claro, no habría como objetar su versión de los hechos.

Por suerte para mí había decidido huir del regimiento justo a tiempo, porque después de haber escuchado sus palabras no me quedaron dudas del trágico final que me hubiera deparado si me hubiese quedado.

Poco a poco las voces se fueron difuminando y cada vez se oían más lejos, los soldados se empezaban a alejar y una confina calma se empezaba a apropiar del lugar.

El ruido de unos pasos acercándose me volvió a poner los bellos de punta, sonaban cada vez más y más cerca, parecía que se estaba cumpliendo la peor de mis pesadillas, al oír la cercanía de los pasos no me quedaron dudas que se dirigían en mi dirección, aun así y confiando en que los milagros existiesen decidí no mover un solo músculo de mi cuerpo, seguiría sin hacer el más mínimo ruido, sentía como gotas de sudor empapaban mi frente y se empezaban a deslizar abriéndose paso hasta caer en mis ojos, provocándome un desagradable e inoportuno ardor.

Nunca me imaginé que llegaría a morir de esa manera tan humillante, totalmente desarmado y metido en una asquerosa alcantarilla, la rabia empezaba a invadir cada célula de mi cuerpo, el ruido de la escotilla abriéndose me dejó perplejo, tenía los ojos abiertos como platos y adopté una posición combativa, <<si es este el momento en que he de morir lo haré a mi manera, combatiendo, ¡pues venga gilipollas! >> fueron mis pensamientos mientras apretaba firmemente mis puños, aunque no tenía la más mínima idea de lo que estaba por suceder, mi determinación se había adelantado a lo que pudiera ocurrir en ese momento.

Su cara despreocupada y el fusil terciado a la espalda no era precisamente el asesino en serie listo a disparar que yo esperaba ver, algo no encajaba en todo este cuadro. Aunque después de unos segundos pude reconocer ese rostro

—Desde el principio supe que aquí podría encontrarlo señor, justo como usted lo hizo cuando me halló fumándome un porro aquella noche. —Fueron las palabras que soltó el joven soldado dibujando una media sonrisa en su rostro, estaba agachado en la entrada de la alcantarilla sin apartar su vista de mí, con una mano sostenía la tapa de hierro y con la otra mano escudriñaba en su uniforme en busca de algo.

—¡Aquí está! —dijo el soldado sacando del bolsillo ubicado a un costado de su pierna izquierda un largo objeto metálico que de inmediato pude reconocer.

—Consérvelo señor, le podrá ser útil en su huida, será fácil para mí decir que perdí mi puñal. —acepté el cuchillo que me ofreció el soldado sin mencionar palabra alguna, aún no salía de mi asombro, y no entendía porque este soldado había optado por ayudarme aun sabiendo que si lo descubrían le podría acarrear serios problemas o quizá hasta su propia muerte.

—Algo que yo nunca le confesé —continuó diciendo el soldado. —fue que esa misma noche después de haberme fumado mi porro subí por la escalerilla para salir y unirme nuevamente a la patrulla, pero para mi sorpresa la tapa de la alcantarilla por algún motivo se había trabado y no conseguía abrirla, empecé a entrar en desesperación y la claustrofobia tuvo un efecto devastador en mí, siempre le tuve pánico a la obscuridad y ese día caí en una horripilante pesadilla, estaba empezando a perder la respiración producto del miedo y fue en ese momento cuando usted me sacó de un solo tirón. Sin saberlo me salvó la vida y nunca tuve como agradecérselo. No me gusta deberle nada a nadie, así que en esta ocasión le puedo devolver el favor, la deuda está saldada.

—Bien, pues gracias Rutterforks, me has dado un tremendo susto al levantar la tapa, pero te he reconocido de inmediato, y lo de tu historia sí que no me lo esperaba, si no es porque vos mismo me lo contáis nunca hubiera sabido nada. Bueno y ahora que lo has mencionado espero esa mierda no se vuelva a quedar bloqueada cuando vaya a intentar salir de aquí.

—La situación es la siguiente: —empezó a decir Rutterfolks, —se han establecido innumerables puestos de guardia en un perímetro de 10 kilómetros a la redonda, todo el sector estará fuertemente custodiado por varios días, así que sabiendo eso usted puede salir y exponerse a una muerte fácil o... avanzar por las alcantarillas hasta encontrar un punto de salida en una ubicación más segura.

—¿Tú eres de esta ciudad Rutterfolks?

—Afirmativo señor.

—¿Sabes a donde puedo llegar si sigo estas alcantarillas?

—A la represa del río Serpis señor, en las afueras de la ciudad, aunque debo advertirle que estos son los antiguos desagües de la ciudad y muchos ductos simplemente no van a ningún lado, podría desorientarse fácilmente y pasar cientos de veces por el mismo lugar sin siquiera notarlo. Existen muchas historias de personas que han entrado a las antiguas alcantarillas y nunca más han vuelto a salir.

—¡Mierda! Y justo ahora me vengo a enterar yo, vaya suerte me ha dado el cabronazo destino.

—Bien, creo que ya le he ayudado lo suficiente, ahora mueva su trasero de aquí y márchese antes de que mis camaradas regresen.—concluyendo estas palabras cerró la alcantarilla de un portazo dejándome nuevamente sumido en una inquietante y completa obscuridad.

¡Ah! y una cosa más señor —le escuché decir desde afuera a Rutterfolks. —Recuerde que ya no le debo nada, así que si lo vuelvo a ver me veré obligado a dispararle como lo haría cualquiera de mis camaradas. —fueron las últimas palabras del joven soldado mientras se alejaba en la misma dirección por donde había llegado.

"La vida no es sino una continua sucesión de oportunidades para sobrevivir" **Gabriel García Márquez**

Empuñé el cuchillo en la mano izquierda y la mano derecha la empecé a mover frente a mi rostro, no lograba tan siquiera ver mis dedos, todo estaba sumido en una tenebrosa y profunda obscuridad, di un par de pasos a ciegas resultándome absolutamente frustrante el no saber en qué dirección avanzaba.

Debía ingeniar un plan si no quería ser un número más en las estadísticas de personas desaparecidas en las alcantarillas.

En ese momento recordé que aún conservaba el destartalado teléfono móvil conmigo, después de todo lo que había sucedido dudaba que siguiera funcionando. Para salir de dudas lo saque de inmediato. ¡Vaya! que sorpresa me llevé cuando pude constatar que aún seguía en perfectas condiciones.

La tenue y lúgubre luz que emitía el dispositivo era suficiente para orientarme y permitirme avanzar en una dirección concreta por el putrefacto túnel. Empecé a caminar hasta que llegué a un punto en que la alcantarilla dejaba de ser un solo túnel para dividirse en dos, tenía que tomar una complicada decisión.

Sin ni siquiera saber realmente el porqué, opté por continuar por el túnel de la derecha, en su momento me pareció lo más razonable, por algún extraño motivo siempre había asociado lo derecho con lo religioso, con cosas justas y todo ese tipo de supersticiones que a veces se crean en la mente humana sin más.

Habían transcurrido alrededor de cuarenta minutos o eso me pareció a mí, desde que empecé a caminar, me preocupaba que la batería del móvil no durara mucho tiempo, levanté la pequeña pantallita del dispositivo para confirmar mis dudas y se me hizo un nudo en la garganta al corroborar mis sospechas, el indicador de batería mostraba que no me quedaba más que un par de minutos de iluminación, empecé a apresurar el paso pero aun así parecía ser un túnel sin fin, no hallaba señas de que hubiese una salida por ningún lado, al cabo unos minutos sucedió lo que más temía, la luz de mi móvil empezó a parpadear y finalmente se apagó, me quedé en completa y turbadora obscuridad.

Para colmo de males no tenía ni la más remota idea de en qué dirección continuar, era realmente frustrante y me empezaba a invadir un sentimiento claustrofóbico que de inmediato controlé para no empeorar la situación.

Era consciente que debía avanzar, pues de quedarme ahí parado nunca vería luz alguna y en su lugar hallaría una lenta y agonizante muerte.

No tenía otra opción más que seguir avanzando, aunque no sabía hacia donde exactamente, pero debía hacerlo, sujeté con más fuerza el cuchillo buscando calmar un poco la creciente inseguridad que me suponía el no poder ver nada.

Puse mi mano libre al frente para evitar chocar con algún objeto que pudiese aparecer por en medio, empecé a caminar lenta y silenciosamente sumido en mis propios pensamientos.

Parece que iba a tener un largo rato para reflexionar acerca de mi vida y el tremendo lío en que se estaba convirtiendo.

Me resultaba algo inquietante no saber hacía donde me dirigía o si estaría en una especie de laberinto de la muerte, muchas ideas inundaban mi mente como por ejemplo; que estuviese andando en círculos y nunca llegase a una salida.

Las palabras de Rutterfolks empezaban a hacer eco en mi mente "existen muchas historias de personas que han entrado a las antiguas alcantarillas y nunca más han vuelto a salir" "muchos ductos simplemente no van a ningún lado, podría desorientarse fácilmente y pasar cientos de veces por el mismo lugar sin siquiera notarlo"

–¡Mierda! ¡Mierda! ¡Mierda! –Mis palabras hacían eco a lo largo del espeluznante túnel, pasaron varios segundos y aún podía escuchar cómo se desplazaba el sonido en la distancia. Por un momento llegué a pensar que era alguien más diciendo las mismas palabras.

–¿Hay alguien ahí? –pronuncié con voz fuerte, y la frase se seguía repitiendo en la obscuridad como un disco rayado… ¿hay alguien ahí? ¿hay alguien ahí? ¿hay alguien ahí?. Un extraño escalofríos me recorría de pies a cabeza calándome hasta los huesos, me había erizado hasta el último bello de mi cuerpo. Esa sensación fue de lo más espantosa. Opté por no volver a hacer ningún ruido desde ese momento, de lo contrario terminaría entrando en el mundo de las alucinaciones y el terror…

Seguía caminando en la penumbra putrefacta y espeluznante de aquel conducto subterráneo que lentamente empezaba a ganarme la batalla.

No sabía cuánto llevaba avanzando pero si estaba seguro que había sido por largo rato, seguí caminando otro rato más cuando empecé a sentir algo diferente en mis pies, el agua ya no estaba quieta, se movía en una dirección, una muy leve pero sin duda existente corriente de agua, eso solo podía significar algo; esa corriente me llevaría a una desembocadura. Todo seguía igual de obscuro, pero si mi teoría resultaba ser cierta pronto podría volver a llenar mis pulmones de algo que no fuera ese repugnante y fétido hedor de alcantarilla.

A medida que seguía caminando empecé a sentir como la corriente del agua se hacía más fuerte, ya empezaba a producir sonidos, todo parecía pintar bien. Pasaron un par de minutos más y empecé a sentir como una suave brisa acariciaba mi rostro y mis brazos descubiertos, ya estaba cerca, eso era seguro, podía intuirlo, mi corazón empezó a latir más fuerte, me llené de un hasta ese momento desconocido sentimiento de esperanza, sí, eso era lo que sentía, esperanza. Aligeré un poco más el paso y la sofocante obscuridad empezó a difuminarse lentamente.

Cada paso que daba parecía irme revelando un poco más de claridad, me albergaba una profunda alegría, sin siquiera notarlo dejé de caminar y había empezado a correr, cuando fui consciente de la situación el obscuro túnel de alcantarilla estaba completamente iluminado, al final se podían distinguir unas rejas y el ruido del agua saliendo a borbotones para ir a caer a alguna especie de arroyo o algo parecido.

Me acerque un poco a las rejas y reposé mi mano sobre uno de los fríos y húmedos barrotes, fue entonces cuando advertí que empezaba a amanecer.

—¡Joder! Pasé toda la noche caminando —estaba completamente petrificado por cómo había perdido la noción del tiempo en esos espeluznantes conductos infernales.

Estaba convencido de que no debía haber pasado más de dos horas desde que entré a ese lugar, pero vaya sorpresa me llevé al descubrir la realidad.

Ahora debería hallar la forma de salir.

Nada más acercarme a las rejas observé la pequeña escalerilla que ascendía hasta la superficie donde probablemente habría una pequeña tapa de hierro similar a la que me permitió ingresar.

Empecé a subir la escalerilla y efectivamente me encontré con la fría y pesada pieza metálica que esperaba encontrar, la empecé a levantar con extremo cuidado de no hacer ningún ruido o movimiento brusco que pudiera delatar mi presencia, primero debería estar seguro de en donde me encontraba y qué tan seguro podría ser el lugar.

Después de haber pasado un rato con la tapa ligeramente levantada y observando todo a mi alrededor resolví que el lugar no aparentaba ningún riesgo visible, así que el momento de salir había llegado...

CAPÍTULO 6
EL LOBO DEL AIRE

No tenía ni la más remota idea del lugar al que había llegado, pero una cosa si era segura y es que nunca antes había estado en ese sitio, un pequeño callejón rodeado a lado y lado por imponentes edificaciones de épocas muy pasadas, sus muros robustos y descoloridos eran el claro indicio de que esas viejas y exóticas obras de arte convertidas en viviendas debieron de haber presenciado el primer beso de cientos de enamorados, la huida de innumerables gibaros cometiendo sus fechorías, el reverdecer de los árboles en cientos de primaveras, los fuegos artificiales en miles de celebraciones, el pasar de generaciones completas...

Si esos arcaicos y agotados muros pudieran hablar, doy por hecho que me develarían un vasto repertorio de historias fascinantes...

Empecé a caminar en la desconocida urbe, presenciando a cada paso que daba las maravillas arquitectónicas más fascinantes que hubiese visto antes.

El tiempo parecía haberse detenido en el lugar, las calles irradiaban un misterioso silencio que con el paso de los minutos se fue convirtiendo en una paz inmutable, sus calles revestidas por finas y atractivas piezas de adoquín acomodadas de forma minuciosa le aportaban un Aura especial a la vista de quien las transitara.

Aun no salía el sol y las bajas temperaturas ya empezaban a pasar factura a mi maltratado cuerpo. El hedor de la alcantarilla de donde había salido minutos antes era tan fuerte que incluso podía sentir como aun lo llevaba impregnado en las maltrechas ropas que me cubrían. Dolorido y mallugado ansiaba con gran anhelo una ducha caliente, una taza de té y un par de horas de sueño.

Hasta el momento no me había cruzado con la primera alma del misterioso lugar, sus calles seguían completamente deshabitadas, me daban la impresión de haber cruzado alguna especie de portal mágico y haber llegado a una ciudad muerta, algo así como, "Neythan en el país de las maravillas" ahora solo me hacía faltaba encontrar a la liebre parlante y mi vida estaría solucionada. Me vendría de maravilla que así fuese. Nada más alejado de la realidad.

Los primeros rayos de luz solar hicieron aparición y a su vez la desolada urbe parecía empezar a despertar de un extenso y profundo letargo. Me emocioné cuando divisé los primeros comerciantes del lugar iniciando sus jornadas laborales con la prisa que implica el recibimiento del nuevo día, poco entendía yo de esa clase de negocios.

Fue fácil descubrir el nombre del lugar, anuncios por doquier me lo confirmaban, Sedaví –Valencia, una pequeña urbe muy bien organizada en las afueras de la ciudad, era justo lo que necesitaba, aunque ciertamente me impresioné de haber caminado tanto la noche anterior sin ser consciente de ello.

Tres hombres no muy pasados en años y una jovencita de no más de dos décadas se apresuraban en abrir un pequeño restAurant, a medida que seguía avanzando seguí presenciando escenas como la anterior repetirse una y otra vez, Sedaví empezaba a tener vida propia, los ruidos provenientes de los diferentes locales empezaban a convertirse en una perfecta sinfonía de nunca acabar, el murmullo de las personas en la distancia cada vez era más fuerte, el rechinar de puertas abriéndose de par en par, las campanas de una catedral, hasta el sonido del viento acariciando las ramas de un viejo roble no se me pasó desapercibido.

Ya habían transcurrido un par de minutos y el ritmo del lugar parecía ir acrecentándose, no había rastro de la calma absoluta de hace solo un momento, llegué hasta lo que parecía ser un hostal, nada agradable desde afuera por cierto, aunque no era momento de exigencias, una ducha y dormir era todo lo que necesitaba.

Al entrar al lugar me dirigí a la recepción donde encontré a un hombre regordete con cara de pocos amigos, vestido con un ridículo pantalón ajustado que daba la impresión de poder estallar en cualquier momento. Para mi suerte aún conservaba el dinero que había traído desde el regimiento, hubiese podido usar mis tarjetas de banco pero me suponía un riesgo muy alto de ser rastreado por mis verdugos.

Mi preocupación ahora era que el recepcionista me pidiese una identificación, me pillaría. No tenía alternativa, debía intentarlo, en el peor de los casos le ofrecería una pasta extra y problema resuelto.

Pero vaya sorpresa me llevé, el gilipollas ni se molestó en preguntar, al parecer el destino por fin daba señales de piedad hacia mí. El hombre humedeció sus regordetes dedos con saliva en un desagradable gesto y empezó a contar la pasta que le había dado, cuando se cercioro de que estaba completo me entrego las llaves de la que sería mi habitación y un control de televisión.

—Bienvenido a "la posada del peregrino" esperamos que la estadía sea de su agrado, cualquier inquietud solo debe levantar la bocina del teléfono en la habitación y oprimir el número dos.

—Gracias. —le hubiese dicho que se fuera al infierno pero me limite a un simple "gracias".

La habitación no estaba tan mal después de todo, sabanas limpias y un agradable olor a lavanda que me transportó de inmediato a mi antigua barraca, me albergó un sentimiento de profunda tristeza, pequeñas gotas de solución salina empezaron a dibujar una línea húmeda a través de mis mejillas, sentimientos encontrados, un odio visceral que se empezaba a instalar en mi ser, recordé un pequeño fragmento del escritor brasileño Paulo Coelho: "las lágrimas son la sangre del alma" y era precisamente mi alma la que se sentía destrozada después de ver como mi impecable carrera militar había sido enviada a la basura sin más.

Me dirigí a la ducha y esperé a que empezara a salir el agua caliente, me despojé de mis ropas y me metí bajo el relajante chorro de agua, me quedé en la misma posición por varios minutos sin mover un solo músculo de mi cuerpo, mi mente trabajaba a mil por hora mientras mi cuerpo agradecía las bondades del agua caliente… un recuerdo se coló en mis pensamientos tan rápido y en un momento tan inoportuno que me resultó bastante curioso cómo me pudo haber surgido la idea de pensar en ella justo en ese momento. <<Que habrá sido de ti Lauren… lamento haberte conocido en medio de la tormenta en que se ha convertido mi vida, me hubiese gustado darme la oportunidad de conocerte un poco más, fue tan extraño y a la vez fascinante lo que nos sucedió en aquél aeropuerto…>>

Me salí de duchar envuelto en una enorme toalla que parecía saber bien lo que mi cuerpo necesitaba, me tumbé en la cama y sin darme cuenta fui entregado a los brazos de Morfeo.

Pasaron las horas y las constantes exigencias de mi ruidoso estómago me sacaron del placido sueño en el que me encontraba.

Había llegado la hora de volver a la realidad…

Bajé hasta el lobby del lugar y para mi suerte había una pequeña cafetería abierta, degusté unos deliciosos bollos recién horneados, acompañados de una taza humeante de café, sin azúcar como me gustaba. Tomé prestado un cargador de batería para mi teléfono y salí afuera del motel en busca de una tienda de ropa, necesitaba cambiar mi atuendo lo más pronto posible.

Ahí estaba yo, con el mundo viniéndoseme encima de tantos líos, pero la cosa más importante y complicada para mí en ese momento era decidirme por el jersey negro con rayas blancas o el jersey blanco con rayas negras, menuda estupidez, al final no compre ninguno de los dos, opté por una chaqueta de piel color café y unos vaqueros clásicos, no me venían nada mal. Decidí conservar mi calzado militar, que por cierto se veía bien guay con la chaqueta y los vaqueros. Mi última adquisición antes de dejar la tienda fueron unos lentes de sol obscuros bien chulos, me miré al espejo y no pude evitar reírme para mis adentros por mis pensamientos estúpidos de última hora <<¡joder tío! ¡alucino! ni el mismísimo Brad Pitt me haría de competencia en estos momentos, ahora sí que me la he currado un montón>> Salí de la tienda con una sonrisa socarrona dibujada en el rostro y un par de bolsas en la mano, camisas y pantalones de reserva para usar en los próximos días. Me había venido bien distraer la mente por un par de minutos, me dirigí al destartalado motel en el que me hospedaba, debía pensar cual sería mi próxima movida, muchas cosas me angustiaban y no había mucho a mi alcance para cambiar la situación.

Degustaba unas deliciosas galletas de avena con yogurt griego mientras ojeaba en mi teléfono la lista de contactos, <<¡Bingo! ¿Cómo no me pude acordar antes? ¡Loados sean los Dioses!, !Venga tío, contéstame al teléfono, no te hagas de rogar¡>> el timbre de la llamada saliente me ponía en una incómoda tensión, se me erizaron los pelos de la nuca, hasta que por fin alguien contestó del otro lado.

—Sí, aló. –se escuchó una voz algo tosca.

—¿Chris?, lobo del aire, dime que eres tú. Pregunté en tono casi suplicante.

—Pero que gilipolleces son estas, pues claro que soy yo, ahora me vas a aclarar tu quien coños eres y de dónde has conseguido mi número.–refunfuñó mi interlocutor al otro lado de la línea.

—Me hizo feliz saber que mi colega seguía siendo igual de gruñón. –¡venga tío! pero calmaros un poco, eso de la menopausia como que te ha afectado bastante el genio eh.

—¡Joder!, pero… acaso estoy escuchando mal o… ¿eres tú, Neythan gilipollas ingrato?

Christopher Bansen, comúnmente conocido como "el lobo del aire"

Era un capitán retirado del ejército del aire, ahora propietario de un club privado de aviones ultralivianos. Durante sus años de servicio fue piloto de helicópteros "UH–60 Black Hawk" con una vasta experiencia y un alto nivel de pericia volando.

Compartimos escenario en diferentes misiones al sur de Somalia, un pequeño país ubicado en el llamado "cuerno de África", al este del continente Africano, las cosas estaban muy calientes por esos días cuando fuimos enviados en apoyo a las tropas de naciones unidas, Chris fue derribado por un misil SAM–7 (Surface to Air Missile) cuando sobrevolaba lo que parecía ser un campamento improvisado de rebeldes somalíes.

Casualidad o destino, no lo sé, yo me encontraba en una misión de reconocimiento junto a mi colega observador cuando presenciamos el trágico final de nuestro camarada, dos helicópteros ligeros BO–105P fuertemente artillados que venían haciéndole de escolta abrieron fuego contra todo lo que se moviera, parecía que se hubiese desatado el mismísimo infierno en un abrir y cerrar de ojos, mi radio y la radio de mi compañero observador empezaron a emitir el característico sonido de una comunicación entrante, la orden fue clara, proceder al punto del incidente y encargarnos de que los tripulantes no cayeran en las garras del enemigo.

Piloto y copiloto eran los únicos tripulantes de la aeronave, debíamos prestarles primeros auxilios si aún seguían con vida y hacerles de escolta terrestre mientras los refuerzos llegaban. El capitán Christopher estaba inconsciente y su pulso era muy débil, afortunadamente aún seguía en este mundo, no pude decir lo mismo de su copiloto, el joven subteniente Bryan sufrió la peor parte, dos impactos de fusil fueron certeros en su rostro desfigurándolo por completo, una escena poco agradable, algo que debí aprender a tolerar a lo largo de mi carrera, algunas de esas imágenes regresarían a mi mente más adelante atormentándome en constantes pesadillas, debí aprender a vivir con ello, o como solían decir muchos: "es parte de los gajes del oficio".

De no haber sido por nuestra presencia en el sitio del impacto, muy seguramente Chris hubiera alimentado la estadística de honorables militares caídos en combate. El lugar estaba lleno de rebeldes, el apoyo aéreo que nos acompañaba en el momento no era suficiente para mitigar la amenaza, proyectiles impactaban a diestra y siniestra, algunos llegando peligrosamente cerca de nuestra posición, Chris empezó a reaccionar mientras mi compañero de misión y yo respondíamos al fuego enemigo, los refuerzos no se hicieron esperar, dos helicópteros M-I atiborrados de soldados fuerzas especiales, la élite de la infantería del ejército hicieron aparición, los dos helicópteros BO 105P abrieron fuego de cobertura mientras los comandos se infiltraban en el área de operaciones a velocidad sorprendente, cuando el primer comando tocó tierra corrió hasta mi posición abriendo fuego mientras daba sus rápidas y bien coordinadas zancadas, lo siguió un segundo comando, luego un tercero, y así hasta que nos convertimos en un pelotón completo, las ametralladoras escupían su fuego infernal retumbando en nuestras entrañas, la adrenalina de haber entrado en combate se había apoderado de cada uno de los presentes, el olor a pólvora era como una especie de narcótico que incitaba a pelear como si fuese el último día de nuestras vidas, y desafortunadamente para dos de nuestros combatientes así fue. La artillería hizo su entrada en acción, la escuadrilla de morteros no se hizo esperar y empezó a lanzar sus estruendosas cargas, cada granada salía expedida del cañón seguida de un fogonazo, las granadas anunciaban su mortífero vuelo con un peculiar silbido que significaba una sola cosa: "la llegada de la muerte, el terror para el enemigo" el letal fuego de artillería impactaba en las líneas enemigas, desorientándolos y provocando el caos entre los rebeldes, un elemento de ametralladores empezó a avanzar hacía las líneas enemigas abriendo fuego contra todo lo que se moviese, lo que dejaban los ametralladores con su infernal fuego, lo remataban los elementos francotiradores que se habían quedado atrás agazapados en ubicaciones tácticas, desde donde daban bajas a diestra y siniestra, cada disparo de estos comandos significaba una baja segura. Mi misión era proteger a los tripulantes y así lo hice hasta el último segundo.

Los rebeldes pronto se vieron reducidos a cenizas, la superioridad militar con que contábamos nosotros obligó a los últimos sobrevivientes enemigos a rendirse, fueron tomados como prisioneros de guerra y serían llevados a la base aérea para ser interrogados. Lo último que recuerdo fueron las palabras de un moribundo Christopher siendo embarcado en un helicóptero medicalizado: "Me salvaste la vida Neythan, nunca lo olvidare colega"

—Yo sabía que no te olvidarías de tu salvador, tu ángel de la guarda, ¡tú macho! —le decía a mi camarada en medio de risas burlonas mientras lo escuchaba refunfuñar.

—¡Venga ya! Menudo maricón te has vuelto, veo que finalmente te decidiste a salir del clóset, enhorabuena tío, o debo decir "tía" —las carcajadas al otro lado de la línea no se hicieron esperar.

—Iros a tomar viento gilipollas, venga Chris y… ¿aún vives por Sedaví?

—¿Acaso lo dudáis? Pues que no te quepa la menor duda, moverme aquí ha sido la mejor decisión de mi vida, por cierto ¿Cuándo pensáis visitarme maldito ingrato eh? ni una sola llamada en más de un año, cuando te vea me vais a deber un par de chupitos por ello.

—Mola bastante la idea, ¿qué te parece si adelantamos el encuentro para esta misma noche?

—¿Esta noche? ¿estáis de broma?

—Nada de bromas tío, que te lo digo bien en serio, estoy en un hostalito de mala muerte y me apetece reencontrarme con mi viejo amigo el lobo del aire, ya sabes, por los viejos tiempos.

—¡A por ello! ¡por los viejos tiempos!, que no se diga más, pero… ¿eso significa que ya estáis en Sedaví? ¿no es así?

—¿Por qué creéis que te llamo?

—Te lo tenías bien guardado eh cabronazo, pues yo ahora mismo término un par de compromisos y saldré disparado a por ti colega.

—¿Qué os parece el bar "lieux" que está por la calle principal? He oído que tienen una buena barra ahí, el sitio está bien chachis y ni hablar de las meseras…. Están riquísimas… —Sugirió mi colega en tono risueño.

—Vale, vale, con lo de las meseras es suficiente para hacerme ir hasta el mismísimo infierno de ser necesario. —al otro lado de la línea se escuchó una ronca carcajada desgastada por el paso de los años, constataba que mi amigo se hacía cada vez más viejo pero no menos entusiasta.

—Pues tal vez no hasta el infierno pero quizá sí hasta Barcelona. —¡boom! lo había soltado, me invadía un nerviosismo incontrolable por no saber cuál sería la reacción de mi colega. Hubo un silencio sepulcral en las líneas, no debió ser más de dos segundos pero mi mente lo asimilaba como una eternidad, la mitad de galleta de avena que aún sostenía en mi mano se desmoronó en mil pedazos esparciendo sus restos por todos lados, la tensión era palpable. Hasta que un pequeño carraspeo del otro lado de la línea me devolvió la compostura.

—Ney, disculpa tío, se me acaba de atorar un trozo de bollo en la garganta, pero no os preocupéis, no es nada que un sorbo de cerveza helada no pueda solucionar, y... ¿me decías algo sobre Barcelona o escuché mal?

—Venga Chris mejor te veo en persona, solo para asegurarme que no tengas la boca llena cuando te lo cuente, porque de seguro esta vez si te atragantas.

—Déjate de rodeos Ney, ya me empiezas a preocupar hijo, suéltalo todo colega.

—¿Qué os parece a las diecinueve doble cero horas en "lieux" y te pongo al tanto con lujo de detalles.

—¡Vale! os veo allá colega.

CAPÍTULO 7
"LIEUX" 19:00 HORAS

El sitio había sido en definitiva una buena elección, una ostentosa barra construida en fina madera color caoba, luces tenues dando una sensación de relajación inducida muy apropiada para la ocasión, en frente de la barra estaba ubicada una pequeña mesa de madera de dos plazas, me pareció conveniente ubicarnos en la mesa donde no se escuchara nuestra conversación, justo cuando me disponía a sentarme se abrió la puerta principal del lugar dando la bienvenida a mi camarada. Chris venía cubierto con un gabán de piel color negro y unas botas estilo country del mismo color, parecía el mismísimo vengador del infierno, su metro noventa de estatura y una cabellera más larga de lo que yo la recordaba desde la última vez le aportaban cierto aire de misticismo, nadie querría meterse en problemas con alguien así.

–Así que aquí te escondes maldito eh! –gritó Chris desde la entrada nada más al verme, las personas presentes en el lugar no distinguieron que se trataba de un simple saludo entre colegas, la tensión y el silencio se instaló en todos los presentes, me levante enérgicamente y me encontré a mitad del lugar con un tremendo sacudón que me daba en forma de saludo Chris, sus golpes en mi espalda parecían querer hacerme escupir algo que me hubiese tragado a la fuerza, aunque realmente era su típico saludo.

–¡Venga tío! ya bájale a los golpes que me vas a terminar quebrando una costilla. –en ese momento todos los ojos del lugar se encontraban puestos en los dos hombres extraños que al parecer se preparaban para armar la marimorena, nada más alejado de la realidad, cuando todos comprendieron que era un simple saludo entre colegas le restaron importancia y lentamente volvieron a centrarse en sus asuntos.

–¡Pero como coños se me olvidó que la princesita es de cristal y se puede romper. –una estrepitosa carcajada de ambos no se hizo esperar y nos fuimos a sentar a la mesa entre risas.

–¡Eh mesera! traedme una cerveza helada por favor y a mi amiga una malteada de fresa. –lo último lo dije señalando a Chris con una fingida seriedad antes de descojonarme de risa.

–No hagáis caso a este gilipollas, traedme a mi otra cerveza y dos shots de whiskey.

–¡Joder Chris! Pero como te han cambiado los años, apenas si te reconozco al entrar.

–¿Insinúas que me veo viejo? –decía Chris mientras me escudriñaba con su mirada en busca de una confirmación.

–¡Qué va! Te sobran algunas cientos de arrugas aquí y allá y allá también, y aquí otras más. –le decía mientras señalaba con mi dedo índice diferentes zonas de su veterano cuerpo. Un impacto en mi hombro derecho me tomó por sorpresa, me sacudió las entrañas, aunque ya conocía la procedencia de tan violento golpe.

–¡Tú te lo has ganado gilipollas! volvedme a llamar viejo y os aseguro que visitaréis el hospital por un par de días.

–Vale, vale, capullo, ¿has venido de mala leche? o… ¿será que tu chica te negó los servicios anoche eh? –La carcajada de ambos retumbó en cada centímetro del tranquilo bar.

—¡Hala! Ahora sí contadme como están las cosas, ¿qué te ha traído por Sedaví? Y no digáis que solo has venido a visitarme porque eso no te lo creerías ni tú mismo colega, así que suéltalo todo, como en los viejos tiempos, sin pegas.

—Joder Chris, me asombra lo bien que me conoces colega, pues bien, poned mucha atención porque lo que os voy a contar te dejará con la boca bien abierta,

—Me huele a que te has liado una bien gorda hijo, suéltalo todo…

Había transcurrido más de una hora desde que inicié a contar con lujo de detalles a mi colega la situación tan compleja en la que ahora me hallaba inmerso, Chris mantuvo un semblante serio durante toda la conversación, escuchaba con suma atención interviniendo solo cuando no le quedaba completamente claro algo, me interrumpía para pedir que se lo volviera a contar. Con monosílabos me alentaba a ahondar en más detalles de todo lo acontecido, después de dos largas horas en lo que pareció haber sido más un confesionario que una plática entre amigos, Chris se quedó en una especie de trance con la mirada perdida en algún punto de la pequeña mesa que nos separaba, supuse que intentaba procesar de la mejor manera posible toda la información que acaba de recibir. Estuve a punto de darle un golpe para espabilarlo cuando de repente y sin alterar su posición, Chris empezó a hablar en un tono muy condescendiente, con la mirada aún perdida en algún lugar distante al que nos encontrábamos, como queriendo escudriñar en sus recuerdos, y así fue…

—Verás Ney, aquél día en Somalia, llevábamos dos horas volando a muy poca altura, lo que nos indujo a un consumo excesivo de combustible, recuerdo bien que cuando despegamos de la base teníamos autonomía de vuelo para 4 horas, nos hacían de escolta dos helicópteros BO–105P con autonomía de vuelo para cinco horas cada uno, después de esas dos horas exigiéndole más de lo habitual a nuestra aeronave la autonomía se nos redujo drásticamente, pasamos de cuatro horas a solo 3, hacía solo un par de minutos habíamos recibido instrucciones para regresar a la base, iniciamos un viraje ascendente pronunciado para seguir el rumbo que nos llevaría de regreso, y fue en ese preciso momento en que sobrevolábamos una montaña de tamaño considerable, cuando divisamos lo que parecía ser un enorme campamento rebelde, mi copiloto y yo no lo podíamos creer, llevábamos horas buscando ese maldito lugar y justo cuando dábamos vuelta para regresar y dar por fallida la misión, apareció como por arte de magia, nos dejamos cegar por la adrenalina que inducía la posibilidad de iniciar un combate, una parte de mi cerebro me decía que pensara en el combustible restante, era muy apenas el necesario para llegar sanos y salvos a la base, pero otra parte de mi cerebro me decía que una oportunidad como esa no se veía todos los días, aún recuerdo las palabras de mi copiloto animándome a descargar toda la furia de nuestra artillería sobre aquellos que habían derramado tanta sangre inocente los últimos días: "capitán, ¿no estaréis pensando en dar media vuelta y dejar a los muy hijos de puta sin un rasguño?, es nuestra oportunidad de castigar a los muy malnacidos por todas las muertes que han causado, miradlos, los tenemos dónde queríamos, parecen liebrecillas asustadas, huyendo del lobo, del lobo del aire, gilipollas, ¡venga capitán! Hacedle méritos a ese nombre, un lobo no suelta la presa cuando ya la tiene en sus fauces, menos el lobo del aire".

El joven copiloto sabía cómo dar en el clavo, fueron sus palabras las que inclinaron la balanza a favor de esa parte de mi cerebro que me decía lo grandiosa que era esa oportunidad para asestar un fuerte golpe en contra de los terroristas que habían masacrado cientos de personas en tres atentados realizados días anteriores. La decisión estaba tomada, combatiríamos, por al menos media hora, la otra media hora la pensaba destinar volando de regreso a la base, aunque sabía bien que no me alcanzaría el combustible para llegar a la base, muy seguramente haríamos un aterrizaje de emergencia a mitad de camino y solicitaríamos retanqueo de emergencia, ¡claro! ya había pensado en mentirles diciendo que debimos realizar maniobras tácticas de vuelo por más de una hora durante el combate y por eso no tuvimos control sobre el consumo de combustible, en menos de cinco segundos ya había planeado todo, había llegado la hora de actuar, recuerdo que por comunicación interna le manifestamos nuestras intenciones a los dos escoltas y de inmediato iniciamos un ascenso en espiral para tomar posición de combate, no habían transcurrido más de cinco segundos en el ascenso cuando la alerta de misil en nuestros instrumentos se hizo presente, sentimos un fuerte impacto proveniente de la parte trasera de la aeronave, empezaron a sonar todas las alarmas de emergencia, nos dieron en el rotor de cola, los mandos de la aeronave simplemente no respondían, empezamos a girar de manera abrupta, perdíamos altura muy rápido, empezamos a caer en picada, a partir de ese momento no recuerdo nada, cuando abrí mis ojos tú y tu colega estaban librando un fuerte combate repeliendo el fuego enemigo, fuiste como caído del cielo, me salvaste de haber muerto siendo víctima de mi propio error, me diste una segunda oportunidad Ney, ahora ha llegado el momento de agradecértelo, lo que sea que necesitéis de mi, puedes darlo por echo, así que si debemos viajar a Barcelona pues a por ello, iremos a Barcelona, estoy a tu completa disposición colega, como en los viejos tiempos…

–Estaré en deuda contigo Chris, me vendrá de maravilla que me eches una mano en estos momentos, si viajo por tierra me expongo demasiado a ser retenido en uno de los cientos de puestos de control que hay en el camino. –No hallaba palabras de agradecimiento para mi camarada, quien se había ofrecido a socorrerme sin ningún reproche. Me inundó una alegría fugaz por las buenas nuevas.

–Ni hablar de deudas tío, entre colegas nos ayudamos cuando las circunstancias lo requieran.

—Y… ¡la ostia! Si no es porque voz mismo me lo contáis yo nunca hubiese conocido esa parte de la historia, de verdad lamento el trágico final de tu copiloto.

—Tranquilo colega, ya sabéis lo que se suele decir: "los aviadores no mueren, solo vuelan más alto" yo lo creo así, por eso no lamento que nuestro camarada haya decidido volar más alto, donde sea que esté siempre lo recordaremos.

—Así será Chris… decidme algo tío, ¿fue por eso que decidiste dejar el ejército del aire?

—En parte, la otra parte me la reservo, ahora más bien decidme vos ¿cómo queréis que te lleve a Barcelona? Podríamos ir en bici pero nos tomará un par de semanas. —como de costumbre,

Chris y sus chistecitos bobalicones.

—He escuchado que sois el propietario de un club de avioncitos miniatura, ¿es eso cierto? —hice énfasis en las palabras "avioncitos miniatura" de adrede para dar en el orgullo de mi colega, una carcajada se empezaba a producir en mis adentros, pronto vería a Chris refunfuñando como de costumbre.

—¿He escuchado bien? ¿Acaso dijiste "avioncitos miniatura"? ¡Jaa! chaval no tenéis ni puta idea de lo que significa un avión ultraliviano, me da igual, explicártelo sería como hablarle de astronomía a un chimpancé.

—Vale, vale, que tampoco soy tan bruto tío, pero… ¿tenéis o no los aviones?

—Los aviones sí, pero que no seas bruto lo pongo en duda.

—¿Estáis de payasito? No me hagáis perder los papeles colega eh.

–Uyyy vale, vale, que tampoco ha sido para tanto tío, estáis de lo más histérico últimamente.

–No penseréis que tengo muchas ganas de cagarme de risa por todo lo que está pasando, ahora mismo debe estar saliendo mi hermosa sonrisa en todos los noticieros, y ni hablar de lo que han de estar diciendo en los titulares, "un gilipollas traidor de la patria" "prófugo de la justicia" "jugosa recompensa a quien brinde información de su paradero", bonita forma de hacerme famoso, ya decía yo que no se me daba bien chafardear por la tele.

–Si lo que decís acerca de los noticieros es cierto deberíamos continuar esta conversación en un lugar más discreto.–el semblante de mi amigo había vuelto a tornarse serio, escudriñaba en sus pensamientos en busca de algo...

–Necesito llegar a Barcelona cuanto antes Chris –terminé diciendo a mi camarada dejando en claro lo mucho que me urgía realizar ese viaje.

–Te entiendo hijo, de veras que sí, estaba pensando justamente en eso, como echaros una mano para sacar tu trasero de esta ciudad cuanto antes –dijo finalmente Chris mientras pasaba su mano por la barbilla, como quien está planeando algo, y eso era precisamente lo que hacía mi viejo amigo...

–¡Lo tengo! –espetó Chris en tono enérgico y levantando el dedo índice haciendo un ademán de habérsele encendido el foco. –volaremos al amanecer, en las primeras horas del día las condiciones climatológicas no deberían ser impedimento para nuestro viaje, rézale a todos tus santos esta noche porque mañana amanezca siendo un hermoso día, necesitaremos buenas condiciones del tiempo para realizar nuestro vuelo, serán más de cinco horas con nuestros traseros en el aire Ney, mis bebés están diseñados para vuelos cortos y... la verdad es que no recuerdo haber hecho un viaje así con uno de mis bebés.

—¡Pues a por ello!, mañana será el día de ver que tan buenos son tus nuevos juguetes —terminé diciendo mientras palmeaba el hombro de mi amigo alentándolo a mostrarme lo mejor de sus últimas adquisiciones. Chris asintió con la cabeza sin pronunciar palabra alguna. Metió la mano en el bolsillo derecho de su gabán y sacó una tarjeta de negocios que rápidamente estiró hacia mí.

—Ahí tenéis la dirección de mi club, te espero mañana a las 04:00 horas en el hangar, ni un segundo más ni un segundo menos ¿estamos?

Asentí con la cabeza mientras observaba la dirección impresa en la tarjeta que me había dado Chris.

—Ahora procura descansar un poco, mañana vas a necesitar esas horas de descanso.

—Vale colega, os veo mañana —terminé diciendo mientras me levantaba de la mesa y extendía la mano a mi colega en señal de despedida, Chris se levantó y estrechó mi mano, hizo un ademan afirmativo asintiendo con su cabeza, luego se dio media vuelta y empezó a caminar hacía la salida del lugar, yo hice lo mismo y salí rumbo al motel donde me hospedaba.

Metí la llave en la cerradura y le giré para abrir la puerta, al abrirla llené mis pulmones con ese exquisito aroma a fresca lavanda que tanto me gustaba, puse pestillo a la puerta y me tumbé boca arriba sobre la cama, cientos de preguntas sin respuesta albergaban mis pensamientos, no quería caer en la frustración que me producía recriminarle al destino por qué me había puesto en medio de esta situación tan injusta, recordé que en mi billetera conservaba fotografías de mi madre, quise echarles una ojeada para pensar en algo que me alegrara el instante, al momento de abrir la billetera calló sobre mi pecho un pequeño trozo de papel doblado de un manera bastante curiosa, no recordaba lo que era y decidí abrirlo para satisfacer mi curiosidad, unas pequeñas letras con hermosa caligrafía seguidas por un número de teléfono eran el contenido del pequeño trozo de papel: *"sé que tú tampoco eres de los que cree en las coincidencias, lo pude ver en tus ojos"* Att: Señorita de mármol 643 980 XXXX

Me volvieron los recuerdos de ese día tan peculiar, Lauren tenía la capacidad de poner mi mundo al revés en solo una fracción de segundo, fue algo que descubrí mientras volaba de regreso a valencia, durante todo el vuelo no lograba dejar de pensar en ella, casi podía asegurar que se empezaba a convertir en una obsesión, el inicio de mi Odisea me había hecho olvidarme por completo de ella, ya habían pasado casi tres días desde la última vez que nos vimos en el aeropuerto de Jerez. Tomé mi teléfono móvil y grabé su número con el nombre de "señorita de mármol" le llamaría, claro que sí, pero no en ese momento, las circunstancias no me eran propicias para iniciar una conversación de conquista, y no quería arruinar la posibilidad de volver a verla algún día, quizá más adelante, cuando todo este desagradable episodio de mi vida llegara a su fin, hasta entonces volvería a contactarla…

Programé el despertador para que iniciará su martirizante sinfonía a las tres de la mañana, cerré mis ojos y empecé a contar ovejas…

CAPÍTULO 8

EV-97 EVEKTOR 04:00 HORAS

¡Joder tío! llegas tarde, llevo aquí parado esperándote dos minutos y treinta y siete segundos, ¿dónde diablos te habías metido? Moveos el trasero y ayudadme a empujar las puertas del hangar. –musitaba Chris en medio de una graciosa rabieta.

–Vale, vale, lo dices como si hubieran sido horas colega, menuda exageración. –protesté quejándome por la exageración de Chris, a fin de cuentas solo habían sido dos minutos y un par de segundos.

–¿Ah? ¿Lo decís en serio? ¿Acaso tus instructores nunca te enseñaron una puta mierda sobre la puntualidad? La ostia tío, eso sí que no te lo voy a creer.

Me venía muy en gracia la reacción de mi colega, no había cambiado en nada su genio de mil demonios, fue por ello que resultamos siendo tan buenos amigos en el ejército, me divertía presenciar sus rabietas circunstanciales, con el capitán Christopher Bansen nunca se sabía a qué hora explotaría en uno de sus habituales berrinches.

–¡Joder Chris! Aun sigues siendo el mismo cascarrabias de siempre, veo que los años te han aumentado ese nivel de lloriqueo, poco más y terminarás convertido en ogro –musite en medio de una carcajada burlona al ver como mi amigo cambiaba de colores.

—¡Y una mierda! Calla esa lengua venenosa, menudo bocazas, y mete de una vez tu maldito trasero en el hangar que quiero presentarte a mis bebés.

—Vale, vale. —espeté mientras levantaba las manos en son de paz.

Una vez adentro del hangar Chris encendió las luces, creí estar fantaseando, el lugar era inmenso, de afuera no parecía serlo pero una vez adentro sí que lo era, las dimensiones de semejante edificación de hierro eran titánicas, estaba realmente vislumbrado, habían ocho ultralivianos formados en perfecto orden rectilíneo, cada uno tan llamativo y vistoso que parecía más estar visitando un concesionario de autos del futuro que un hangar de aviones ultralivianos.

—Alucino tío, te lo has currado un montón eh, tus juguetes están bien chulos, no esperaba impresionarme por ver algo así, pero ciertamente sí que lo estoy, esta de la puñetera ostia tu flota de aeronaves. —Le decía a Chris mientras caminaba entre los ultraligeros con los ojos bien abiertos deleitando mi imaginación con cada pequeño detalle que descubría en los peculiares aviones de mi colega.

—Sabía que te gustarían hijo, mis bebés nunca defraudan el ojo crítico. —Respondió Chris mientras se dirigía a la parte trasera del hangar donde había una especie de compartimento adicional.

—Pero… ¿y en cuál de todos estos volaremos? —me surgía la duda por saber cuál había sido el elegido de mi amigo, sin duda escogería su mejor juguete, lo conocía bien.

—Nadie dijo que volaríamos en uno de esos. —decía Chris señalando con su dedo los ultraligeros perfectamente alineados en el centro del hangar. —seguidme, hay algo que os quiero enseñar. —continuó diciendo mi colega.

Llegamos a la parte posterior y entramos en un segundo compartimento mucho más pequeño, había alguna especie de avión en la mitad del recinto, cubierto por un forro cobertor. Chris se adelantó a halar del cobertor y lo que vieron mis ojos cuando terminó de remover la pequeña pieza de tela que cubría la aeronave me dejó con los ojos bien abiertos.

–¡He flipado! –no era muy fan de los aviones ultralivianos o cualquier otro tipo de aeronaves, pero… la aeronave que tenía en frente de mis ojos daba la impresión de haber sido construido en otro planeta, realmente era un pieza única, ¡única!, qué maravilla de ultraligero, incluso en tamaño desvariaba de sus semejantes ubicados en la parte principal del hangar, este era un poco más grande, un color rojo intenso bañaba cada centímetro de su fuselaje, emitiendo destellos fugaces producto del reflejo de la luz de los faroles del hangar sobre su fina y elegante pintura, toda una obra de arte sin duda alguna.

–¿Qué? ¿Te piensas quedar ahí babeando como imbécil? Ayudadme a sacar esta preciosura del hangar. –apremiaba Chris con una media sonrisa de satisfacción dibujándose en su rostro al notar mi reacción después de visualizar su juguete favorito.

–¿De dónde lo has sacado tío? No recuerdo haber visto uno de estos antes –indagaba a mi colega con intención de saciar mi curiosidad mientras empezábamos a empujar con delicadeza la majestuosa aeronave fuera del hangar.

–Esta preciosura viene desde república checa–continuó diciendo Chris mientras empujábamos la aeronave. –en el mundo de los ultralivianos, esto es como tener un Ferrari o un Lamborghini del año, no se ven muchos como esté, Se le conoce como EV–97 EVEKTOR, posee autonomía de vuelo para seis horas, techo máximo operacional de 16.000 pies, velocidad máxima 210 nudos, velocidad crucero 200 nudos, cuenta con aviónica de punta, será esta belleza la que nos llevará hasta Barcelona colega.

Una vez fuera del hangar Chris inició motores del aparato y me pidió que esperase mientras él hacía el chequeo de los instrumentos antes de salir a vuelo.

Cuando Chris se introdujo en la pequeña cabina de la aeronave no pude evitar reírme de lo gracioso que me parecía la escena, ridículamente chistoso, me recordó al célebre comediante británico Rowan Atkinson o comúnmente conocido por su personaje como "Mr Bean" un hombre de poco más de dos metros de estatura al que siempre se le veía conduciendo un viejo mini cooper de color amarillo. Tan ridículo y gracioso como la escena que estaba teniendo lugar en ese momento ante mis ojos.

—Hey Ney, ¿Qué te viene tanto en gracia tío? —musitó Chris levantando una ceja, con cara de no tener ni puta idea de que iba mi risa.

—Nada, nada, es solo que apenas me vengo a enterar que sois familia de Mr Bean —no pude evitar estallar en una enorme risotada.

—¡Me tocas las narices tío eh! Subid tu maldito trasero de una puñetera vez, no hagáis que me arrepienta de iniciar este viaje. —espetó Chris musitando un par de maldiciones más, que por fortuna para mí fueron ininteligibles debido el estruendoso ruido proveniente del motor de la aeronave.

<<Este viaje apunta a ser muy divertido>> me decía para mis adentros por lo gracioso que siempre me resultaba estar al lado del malhumorado Christopher Bansen.

La aeronave inicio la carrera de despegue por la pista, primero lentamente, luego fue ganando velocidad a un portentoso ritmo, cuando alcanzamos la VR (Velocidad de rotación) Chris tiró del volante de control y la aeronave empezó a levantar lentamente el morro, la rueda delantera se despegó del pavimento y posterior a ello el resto de la aeronave hizo lo mismo, sentía como si se abriera un hueco en mi estómago, esa sensación de vacío que se me había vuelto tan familiar en mis años de operaciones militares, esta vez era un poco diferente, la única misión que tenía era salvar mi pellejo.

Había transcurrido un poco más de una hora de vuelo, los primeros rayos del sol empezaban a hacer su parsimoniosa aparición sobre un fascinante valle que empezaba a develar sus encantos ante nuestros ojos.

–Este es el valle del Jiloca, todo un privilegio de esta región. –me decía Chris por medio de las diademas con micrófono que nos habíamos puesto para comunicarnos durante el vuelo.

–Al sureste podrás divisar la sierra de Gúdar –continuó diciendo mi colega mientras yo giraba mi cuello para corroborar sus palabras –su punto más alto es el pico de peñarrolla, con una altura aproximada de 2024 metros, se conoce de muchos pilotos que han quedado con las narices clavadas en esa cadena montañosa, pero no os preocupéis colega, esta belleza en la que volamos no se intimida ante la majestuosidad de la sierra. –ufff sentí un gran alivio al escuchar sus últimas palabras, me había entrado cierto nerviosismo de pensar que nosotros pudiéramos ser los siguientes en dejar las narices pegadas en esas montañas.

Habían transcurrido alrededor de tres horas desde que iniciamos nuestro vuelo, era una mañana realmente encantadora, la vista desde los cielos le aportaba un aire de grandeza al conjunto de detalles en el entorno, aportándole ese toque mágico que nos suelen mostrar las películas de ficción. El hecho de estar surcando los cielos en esa pequeña aeronave de color rojo, me recordó al afamado piloto alemán de la primera guerra mundial "Manfred von Richthofen" más conocido como "el barón rojo". Fue un piloto que consiguió derribar ochenta aeroplanos enemigos, volaba la mayoría de las veces un caza biplano Albatros D. II de un magnifico color rojo, toda una leyenda…

Durante el vuelo hablamos de lo que habían sido nuestras vidas los últimos años, recordamos episodios graciosos de las misiones en las que habíamos participado, temas triviales y otros no tanto, iban y venían a merced de la curiosidad de mi colega. Nuestro vuelo era muy ameno, disfrutaba de cada uno de los paisajes que se iban develando en cada porción de terreno que aparecía en el horizonte.

—Echa un vistazo a tu derecha Ney, ahora mismo estamos sobrevolando Teruel. El río que ves ahí abajo se llama Turia, es la principal fuente hídrica en toda la región.

No paraba de impresionarme por lo majestuosidad de la vista que podía apreciar desde las alturas, me sentí afortunado al tener la oportunidad de presenciar tanta belleza en mi entorno, nunca antes me había detenido a pensar en lo desagradecidos y despreciables que podemos llegar a ser los seres humanos al no cuidar del regalo tan preciado que nos entregó el creador, me sentí mal por ello.

—En poco menos de una hora llegaremos Ney, te dejaré en un pequeño aeropuerto en las afueras de la ciudad, el propietario es un viejo conocido, así que no debes tener preocupación alguna —terminó diciendo Chris mientras el ev–97evektor se inclinaba lentamente hacia la derecha.

Me percaté de que la aeronave empezó lentamente a aminorar la marcha, el sonido del motor se hizo más suave, fueron las palabras de mi colega las que me despejaron toda clase de dudas.

—¡Ney! Hemos iniciado el descenso para aterrizar, en contados minutos tendrás tu lindo trasero en tierra colega. —una sonrisa de satisfacción se dibujaba en la cara de mi amigo, siempre supe lo satisfactorio que era para el lobo del aire socorrer a sus camaradas, fue ese el motivo que me llevó a pedir de su ayuda, sabía que no me negaría una mano.

Empecé a experimentar una extraña efervescencia emocional, no sabía si por la conmoción de haber llegado a Barcelona mucho antes de lo que se suponía me debería tomar el viaje, o por las dudas que me asaltaban sobre lo que me esperaría una vez llegara a la inmensa ciudad, aunque… haber llegado horas antes de lo previsto había sido mi primer triunfo, así lo veía, y así fue.

Las pequeñas ruedas del aparato hicieron contacto con el pavimento de la pista, la cabina dio un estrepitoso sacudón y de inmediato empezamos a disminuir la velocidad, fue un aterrizaje bastante rápido, en cuestión de tres minutos ya nos encontrábamos en una especie de hangar improvisado muy diferente al que había visto en el club de Chris.

—Eh, bueno, creo que es aquí donde debo deciros adiós mi estimado amigo, a partir de este momento vas por tu cuenta, sé que lo lograras y podrás esclarecer todo este lío en el que te han metido esos gilipollas, Ney, yo tengo fe en ti hijo, demuéstrame que no estoy equivocado. —fueron las palabras de mi colega mientras hacía un ademan de despedida y se disponía a embarcar en su aeronave.

—Así será Capitán Christopher Bansen, así será mi viejo amigo, nunca olvidaré lo que haz echo por mí en este día, sé que volveré para darte las gracias como es debido. —respondí mientras me daba vuelta y empezaba a caminar en búsqueda de una parada de autobús.

Nunca me habían gustado las despedidas, especialmente cuando las posibilidades de volver a ver a esa persona eran remotas, me causaba una tristeza que calaba muy adentro de mí, por eso procuraba que fuesen lo más breves posibles.

Empecé caminar en dirección a una avenida bastante transitada que pasaba cerca del pequeño aeropuerto al que había llegado, en la distancia escuché los gritos de mi amigo pronunciando unas últimas palabras antes de perdernos de vista.

–¡Ey Ney! Cuando todo esto haya pasado seguiré esperando los chupitos que me prometiste, –no pude evitar sonreírme, giré para mirar a mi camarada y asentí con la cabeza, seguí caminando hacía la parada de autobús, la había divisado a pocos metros. Tomé el primer bus que vi con un letrero digital que decía BARCELONA, abordé el bus y empecé a mirar por la ventana, recordé las palabras de Derek y sabía que no podía llegar hasta la ciudad o podría ser arrestado en el puesto policial que estaba ubicado en "Rupit y pruit" una pequeña población que había que pasar antes de entrar a Barcelona, me acerqué hasta el conductor y le pedí que me dejara antes del puesto de control policial en Rupit y pruit, en conductor accedió sin problema alguno. 20 minutos más tardé el conductor se detenía y me indicaba que habíamos llegado, el puesto de control policial estaba a unos cuantos cientos de metros. Le agradecí por su hospitalidad y descendí del vehículo.

A pocos metros se observaban las primeras edificaciones del lugar, empecé a caminar hacía la calle principal de la modesta urbe, solo me había adentrado un par de metros y quedé maravillado por tanta belleza, nunca antes había escuchado que Rupit y pruit fuera un sitio descomunalmente bello, en ese instante lo estaba presenciando en persona.

Me sentí en medio de una ciudad de la edad media, el tiempo parecía haberse quedado congelado en esa época, sus calles empedradas y sus edificaciones construidas en el mismo material, crearon un nuevo concepto en mi mente para la palabra belleza, era la viva imagen de una ciudad medieval, con sus casas tan perfectamente cuidadas que el paso del tiempo parecía no haberles hecho mella, todo tan rustico y a la vez tan majestuoso, daban la impresión de haber llegado a una especie de museo al aire libre, después de un largo rato de fantasear y vivir en ese mundo mágico emanado por la hermosa Rupit y pruit, decidí seguir mi camino.

Crucé la pequeña ciudadela caminando para evitar cualquier contacto con el puesto de control policial, empecé a buscar la antigua vía férrea que según Derek, debería estar en el costado norte de la población.

No me llevó mucho tiempo dar con las antiguas vías del tren, empecé a caminar en sentido norte sobre la antigua ferrovía, no fueron más de treinta minutos caminando cuando empecé a escuchar el ruido de coches transitando por lo que debía ser alguna especie de carretera, cinco minutos más tarde pude confirmar mis sospechas, era la carretera principal, pero mayor fue mi sorpresa al divisar la parada de autobús justo en frente de mis narices, el maldito Derek se lo había currado un montón, todo marchaba según el plan.

Metí la mano en el bolsillo derecho de mi chaqueta en busca de la pequeña agenda que me había dado mi colega con todas las indicaciones a seguir, eché una ojeada rápida en búsqueda del número de autobús que debía tomar. <<A ver, a ver, aquí estas, bus 57B con destino al centro de la ciudad>>

Un par de minutos más tarde llegó el tan anhelado bus 57B, me subí y empecé a caminar hasta los asientos de la parte trasera, no habían muchos pasajeros a esa hora del día, el chofer, una señora avanzada en años y yo éramos las únicas almas que ocupaban el vehículo, me recliné en uno de los asientos y empecé a ojear la dirección que me había dado Derek, las indicaciones eran claras, debería bajarme en la séptima parada en que se detuviera el vehículo, por lo que a pesar de ese momento empecé a prestar suma atención al número de paradas que iban quedando atrás, habíamos pasado ya la sexta, la siguiente era la mía. Y así fue, en la séptima parada bajé del autobús. Había llegado la hora de la verdad…

CAPÍTULO 9

EN ALGÚN LUGAR DE BARCELONA –ESPAÑA

¿Dónde está?, joder... debe estar en esta calle, no veo una mierda aquí, ¿se habrá equivocado Derek?, ajaaaa, con que ahí estás eh...>>

Finalmente había llegado a la dirección indicada en la agenda, el lugar resulto ser una cafetería bastante vistosa, "Artisa café", nada mal, yo con el hambre que tenía no podía haber deseado un lugar diferente. El sitio resultó ser bastante informal visto desde afuera, sobre la puerta principal un par de letras grandes talladas en madera con el nombre del lugar, al entrar se podía experimentar una complacencia de los sentidos sumamente acogedora, el delicioso olor a café humeante rebosaba en cada rincón de la estancia, la exquisitez aromática expedida por los panecillos recién horneados me hacía agua la boca, un escandaloso ruido proveniente de mi hambriento estómago nublaba cualquier pensamiento ajeno al ya creciente deseo de comer, bien suelen decir que el segundo cerebro es el estómago, pues ahí estaba yo corroborando esa teoría.

Procedí a sentarme en una de las mesas desocupadas en un rincón del lugar, la mixtura de exquisitos aromas en el aire me habían hecho un nudo en el estómago que cada vez rugía más fuerte, como un crío de pocos meses cuando llora para recibir atención, unos segundos más y hubiese empezado a alucinar de hambre...

—¿En qué os puedo servir caballero?—inquirió una joven camarera de abundante cabellera rubia con tono de voz sugerente, sus ojos color verde me veían directamente, como si fuese la cosa más natural del mundo, esperaba a por mi respuesta mientras sujetaba una pequeña agenda en una mano y con la otra blandía una curiosa pluma color violeta.

—¿Podrías traerme una orden de esos panecillos recién horneados?—le decía mientras apuntaba con mi dedo la vitrina llena de los exquisitos manjares que anhelaba deleitar. —¡ah! y un cappuccino bajo en azúcar, si no es mucha molestia.

—De acuerdo —dijo la camarera mientras se daba vuelta para dirigirse a traer mi orden.

Cuando me sentí satisfecho después de haber degustado un par de las exquisiteces que se preparaban en el lugar, introduje la mano en el bolsillo derecho de mi chaqueta y extraje la pequeña libreta que me había dado Derek, parecía más un manual de supervivencia para prófugos del gobierno que una simple libreta. El siguiente paso que indicaba el pequeño manuscrito era contactar a un tal, "Káel", un camarero de procedencia árabe que también trabajaba en el lugar. No fue difícil hallarlo, sus rasgos étnicos eran evidentes, esperé el momento justo cuando el tío pasaba por mi mesa y lo llamé por su nombre.

—Káel —le dije en vos baja, casi murmurando. El tío se detuvo instintivamente y me miró un poco contrariado. Por la expresión en su rostro deduje que buscaba en sus pensamientos de si me conocía de algún lugar, o, ¿por qué sabía yo su nombre?. Lo había pillado sin duda alguna.

—¿Disculpa? ¿te conozco de algún lado? —la duda y curiosidad se habían instalado en el rostro del joven camarero.

—No —respondí tajante.

—Pero me ha enviado Derek, soy el cabo Neythan Brown —continué diciendo a Káel,

—Espera, me dijo que cuando os viera te dijera "aleluya, aleluya"—dije en tono de voz bastante bajo.

—¡No, no, no! espera, mierda como era… ¡ah, sí! Aloha, aloha, joder tío, a que esa si es.

Káel había cambió su expresión y parecía saber lo que significaban esas palabras, se acercó lo suficiente a mi mesa como para que nadie de alrededor pudiera escuchar nuestra conversación.

—¿Cómo dijiste que te llamabas? Y… ¿de dónde es que venís? —me daba la impresión de que Káel aún no estaba del todo convencido que yo fuera la persona que le habían indicado.

—Soy el cabo segundo Neythan Brown, vengo del regimiento de infantería mecanizada "Lepanto 3" de valencia, el cabo Derek me ha dado indicaciones de venir a este lugar y preguntar por ti, ¡ah! Y por cierto, la frasecita medio rara esa también ha sido idea de Derek.

—Vale, vale, entonces si eres tú por lo que veo, espero mis ojos no me engañen, pues has llegado mucho antes de lo previsto tío, el viaje se supone debería tomarte todo un día, aún no logro entender cómo es que estáis aquí tan temprano.

—Verás Káel —empecé diciendo al joven camarero. —recurrí a un viejo amigo del ejército del aire y me ha echado una mano para agilizar mi viaje.—terminé de explicar al dubitativo camarero.

—Bien, pues déjame recojo algunas cosas que necesito entregarte y nos vamos a presentarte con tu nuevo jefe. —una sonrisa de recibimiento y amabilidad se había instalado en el rostro del joven árabe.

Nos subimos en un taxi, yo me acomodaba en el asiento trasero mientras Káel daba indicaciones al conductor sobre el lugar al que debería llevarnos, alrededor de media hora más tarde el vehículo se detenía indicándonos haber llegado a nuestro destino.

CAPÍTULO 10

BIENVENIDO A AURA

Señor Brown, lo estaba esperando, sígame por favor. –pronunció al verme, un hombre vestido de traje de negocios, luciendo una imponente corbata color rojo escarlata, el color de su cabello casi blanco en su totalidad indicaba el paso de los años, una mirada bastante inquietante proveniente de su par de ojos negros daban la sensación de estar siendo vigilado todo el tiempo, a pesar de estar bastante entrado en años mantenía una postura elegante, se podría decir que orgullosa, no pude evitar compararlo con los veteranos de guerra abundantes en historias de combates y cargando sus cientos de condecoraciones y medallas en el pecho.

–¿Nos conocemos? –indagué instintivamente al tío que me había recibido con tanta formalidad. Me había tomado por sorpresa la forma casi automática en como este sujeto con cara de pocos amigos me identificó, mi desconfianza era evidente y mi modo de alerta entró en acción.

–Usted a mí, no, yo a usted, sí. –espetó de forma jocosa y en lo que parecía ser una media sonrisa, terminó diciendo –"no se ven muchos hombres con cara de prófugos por estos días, la suya es un vivo ejemplo"

–¡No soy ningún prófugo! –refuté dejando en claro mi disgusto por el comentario.

—Eso no es lo que dicen los noticieros. –ironizó el gilipollas aflorando una escuálida sonrisa sarcástica en su desagradable rostro. Si ese iba a ser mi jefe daba por hecho que no me lo pondría nada fácil. Ya me empezaba a tocar las narices con sus indirectas de mierda.

La primera impresión que me estaba haciendo de este sujeto no era nada parecido a lo que esperaba encontrar cuando salí de Lepanto 3, en el fondo anhelaba que solo fuera eso, una mala impresión…

—Desde hoy lo es. –continuó diciendo el tipo al que decidí bautizar mentalmente como "el general". –los medios lo han oficializado todo el día, así que vallase acostumbrando a la idea, ahora, ¿qué le parece si me acompaña a mi oficina?, tenemos asuntos que tratar, ¡ah! otra cosa, no se preocupe que aquí a nadie interesa su caso, a partir de este momento usted estará trabajando con personas muy profesionales, además, tenemos asuntos más importantes que solucionar y confiamos que usted nos sea de gran aporte en los nuevos retos que se avecinan para nuestra agencia, nos vendrá muy bien su ayuda señor Brown, al igual que a usted le vendrá bien la nuestra.

Algo me había contado Derek acerca de un cambio en el modus operandi de la agencia de inteligencia en Barcelona, empezaba a sospechar que esos "nuevos cambios" implicarían ráfagas de proyectiles volando a diestra y siniestra con un único fin "la muerte"

—¿Podría saber con quién estoy hablando? –Solté mi pregunta en busca de una respuesta que me ayudara a disipar tantas dudas, tal vez fue un poco inoportuna, pero… ya la había hecho, muy tarde para arrepentimientos.

"Hay tres cosas que nunca vuelven atrás: la palabra pronunciada, la flecha lanzada y la oportunidad perdida" **Proverbio chino**

Mi anfitrión detuvo la marcha y se dio media vuelta para verme directamente a los ojos, su rostro inmutable no mostraba señales de expresión alguna, me escudriñó por un par de segundos como queriendo amedrentarme con ese simple gesto.

Pues bien, si eso quería tendría que hacer mucho más que solo verme a los ojos para conseguirlo, clavé mi mirada en la suya aceptándole el reto de la amenaza visual, esa que no requiere de palabras para ser comprendidas, el tipo pareció comprender el mensaje y decidió darse vuelta para seguir avanzando hacía su oficina. Para mi desgracia debería seguirle, empezaba a sentir cierta humillación, en otros tiempos le habría mandado a la mierda.

Pasábamos por un estrecho pasillo, cuando volvió a hablar mi anfitrión.

—Me gusta su curiosidad cabo, le será muy útil en este trabajo, pero entre menos sepa de mí, será mejor para usted.

—Ya estoy al tanto de su caso. —prosiguió hablando el sujeto, —su amigo Derek me ha puesto en conocimiento de hasta el más mínimo de los detalles, debo reconocer que es un asunto muy delicado y podría costarle toda una vida en prisión, aunque le puedo ayudar si usted me ayuda a mí. Señor Brown, dígame… ¿está usted dispuesto a colaborar?

Decirme cosas que ya sabía no era la mejor manera de explicarme como me iniciaría en el nuevo trabajo, preferí guardarme mis comentarios y hacer caso omiso a las aseveraciones tan obvias de mi anfitrión.

—Se supone que por eso vine hasta aquí, ¿no lo cree usted? —respondí dejando en claro la obviedad del motivo por el cual estábamos teniendo esa conversación, que hasta el momento me había parecido de lo más estúpida.

—¿Derek le ha hablado de los "agentes encubiertos no oficiales"? —continuó diciendo mi anfitrión.

—O zorros solos como le dicen ustedes. —Contesté casi que por instinto.

—Bien, veo que ya está enterado de lo básico, así nos ahorraremos tiempo en explicaciones tediosas.

—Solo sé lo que Derek me pudo explicar en el corto tiempo que tuvimos para hablar del asunto.

—Para eso le hemos pedido que viniera señor Brown, verá, es algo muy sencillo, hoy mismo quedará enterado de los pormenores relacionados con su nuevo trabajo, le daremos instrucciones e información detallada de lo que se va a realizar, hay mucho en juego para usted, como también lo hay para nosotros señor Brown, esperamos la mayor disposición de su parte.

—No se preocupe señor... —mierda, no tenía ni puñetera idea de cómo dirigirme a ese sujeto, si por mi fuese le habría llamado desde el primer instante por "gilipollas" o "comemierdadeprimera" o hasta por el nombre con el que había decidido bautizarlo "el general" cualquiera de los tres me habría dado lo mismo, solo no sabía cómo llamarle para dirigirle la palabra...

—Puede decirme "Carbel", como lo hacen todos aquí. —decía en un tono más condescendiente.

—No se preocupe señor Carbel, —ufff que alivio, parece que me hubiera leído la mente el gilipollas, ya íbamos progresando. —soy el más interesado en realizar de la mejor manera el trabajo que se me va a encomendar, aunque aún no tenga la más remota idea de que se trate, estoy a su completa disposición señor Carbel, mi futuro y el futuro de mi carrera depende de ello. —hice un claro énfasis en estas últimas palabras, no quería dejar pasar por alto el verdadero motivo que me había llevado a con ellos.

—Pero… ¿explíqueme como me van a sacar de toda esta trifulca que se ha desatado en mi contra? —inquirí con ápice de incredulidad en el tono de voz.

—Antes de correr debe aprender a caminar señor Brown, no se apresure, le doy mi palabra que si nos ayuda y todo resulta como lo esperamos, yo personalmente lo ayudaré a librarse de quienes lo persiguen y todo el lío que trae encima, ¡ah!, y una cosa más, yo sé que usted no tuvo nada que ver con los desertores.

Dudaba que realmente supiera de mi inocencia o no, todo era un juego psicológico para ponerme de su lado y hacerme confiar sin recelos, deseaba hacer un millón de preguntas para muchas de las cuales sabía bien que no habría respuesta, solo me limité a asentir con la cabeza, sabía que no era el momento de objetar nada…

—Podría dejar de llamarme "Señor", con que me llame por mi apellido o por mi grado estaría bien para mí, bueno, si no es mucho pedir.

—Ya me habían hablado un poco de su carácter tan peculiar, ahora comprendo de que va.

—¿Debo interpretar eso como un cumplido? —ironicé mientras le veía de soslayo.

—No estoy para chistecitos de mal gusto cabo, ahórrese sus comentarios impertinentes y desde ahora diríjase con más respeto hacia mí. —¿eh?, este que se había creído, esa manera de hablar se me hacía muy similar a los altos mandos militares a quienes había escuchado en pretéritas ocasiones dando sermones en Lepanto 3.

Pasamos caminando por en medio de lo que parecía ser un viejo periódico, lleno de pequeñas oficinas donde habían por lo menos cien personas, cada uno concentrado en sus propios asuntos, llevando y trayendo paquetes de documentos por todos lados, el sonido del teclear en las computadoras parecía ser la más notoria melodía del lugar, teléfonos sonaban a diestra y siniestra, hojas de papel hacían su peculiar ruido al ser succionadas por la maquina impresora, todo parecía ser una perfecta sinfonía del afán y el arduo trabajo. Pero… a pesar de semejante espectáculo nada era lo que parecía ser, empezando porque lo del periódico no era más que una ingeniosa fachada para la Agencia de Inteligencia para Operaciones Especiales "AIOPES" o también conocida bajo el pseudonombre de "AURA"

Volvimos a internarnos en otro pasillo, mucho más silencioso que la sala de oficinas, mi anfitrión se giró a la derecha y advertí como se llevaba la mano al bolsillo de su inmaculado traje, extrajo una pequeña tarjeta que deslizo suavemente por la moderna ranura que había instalada en la puerta, sin duda alguna se trataba de un sistema de ingreso a lo que supuse debería ser su oficina. Mayor fue mi sorpresa cuando advertí que después de deslizar la tarjeta y haberse encendido un pequeño botón iluminado en color verde, un rayo diminuto de luz infrarroja salió disparado hacía su ojo derecho haciendo lo que parecía ser un scanner de retina, ¡vaya!, tanta seguridad me suponía que entraría en una especie de bóveda gubernamental o algo parecido. La cerradura emitió un sonido indicando que la puerta estaba abierta.

–Bienvenido a mi oficina cabo Neythan Brown, tome asiento por favor, estaré con usted en contados segundos. –decía el general mientras caminaba en dirección a un enorme archivador metálico instalado en la parte derecha de su formidable oficina.

La primera cosa del lujoso lugar que captó mi atención, fue una fotografía sobre el escritorio de mi anfitrión, se le podía apreciar portando su uniforme militar en lo que sin duda alguna era una ceremonia de ascensos, las inconfundibles insignias que adornaban las hombreras de su uniforme me dieron un claro indicio de la persona con que estaba tratando, había acertado en bautizarlo con ese nombre desde el comienzo.

–Y aquí está –musitó mi anfitrión mientras descargaba una pesada carpeta color ambarino sobre su escritorio, por los costados de la misma se podían apreciar una cantidad considerable de documentos en su interior, debería ser algo importante, supuse.

–¿Le molestaría si a partir de este momento le llamo "general"? –pregunté sin apartar un solo instante la vista de la carpeta, mi curiosidad crecía a pasos agigantados.

–Veo que es un buen observador, cabo, eso también le será de ayuda en este trabajo, y en cuanto a su pregunta, no tengo problema en que me llame por mi grado; coged este paquete de información –me decía mientras sostenía la carpeta en su mano, apuntándola en mi dirección. –¡Vaya! saciaría mi curiosidad mucho antes de lo previsto.

–Lo que hay adentro… –continuó diciendo el general. –es su nueva vida, un nombre nuevo, nacido en un país diferente, sus padres ya fallecieron, tiene un pasaporte y una licencia de conducir con su nueva identidad, un dispositivo de última tecnología que entre tantas de sus funciones también hace de teléfono móvil no rastreable, lo debe usar solo para comunicarse con nosotros, más adelante se le enseñará todo lo que puede hacer con el moderno dispositivo, por hora limítese a usarlo solo como medio de comunicación. También hay una guía completa sobre cosas que puede hacer y cientos que no puede ni debería siquiera pensar en hacer, solo necesito que se memorice muy bien cada palabra por insignificante que le parezca, es de suma importancia que lo memoricéis todo, absolutamente todo, ¿estamos?. –me limité a asentir con la cabeza.

—Hoy a la media noche —empezó a explicar el general. — uno de nuestros especialistas informáticos se encargará de eliminar todos sus registros de la red, desaparecerá como por arte de magia, será como si nunca hubiese existido. A partir de este momento el cabo Neythan Brown y todo su historial desaparecerán de todas las bases de datos habidas y por haber sobre el planeta tierra, desde ahora seréis el agente "Theos Latif". Deberá actuar, pensar y hablar como se le indica en ese paquete de información que tiene en sus manos, su primera misión será convertirse en el agente "Theos Latif" tiene una semana para ello señor Latif, designaremos a uno de nuestros mejores agentes para que os ayude por si surgen dudas.

—Como bien ha de saber —continuó diciendo el general. —su rostro ha sido muy famoso estos últimos dos días, por lo que no podremos alojarle en un hotel o lugar donde corra el riesgo de ser reconocido, hemos acordado que lo más seguro es mantenerle en secreto mientras culmina su entrenamiento como agente de inteligencia, por suerte para usted no es necesario que haga la fase de entrenamiento militar, sabemos bien que usted es especialista en esa área, eso nos ahorrará tiempo valioso, ah, y por cierto —continuó diciendo el general. Olvídese por completo de los zorros solos, tengo mejores planes para usted cabo, no desaprovecharé sus capacidades, y sé que usted no desaprovechara una oportunidad como esta, le he designado para algo más de su nivel, espero no me decepcione…

—Hace tres días —prosiguió hablando el general mientras me veía desde el otro lado de su escritorio. —una de nuestras mejores agentes, la señorita Barclay que llegaba de vacaciones, se encontró con la amarga noticia del fallecimiento de un ser querido, ha viajado hasta Madrid para recuperarse de su perdida al lado de amistades. su casa estará vacía hasta que ella regresa del viaje, yo personalmente hablé con ella y me ha manifestado no tener ningún problema en permitirnos que usted se instale en su casa mientras le hayamos un nuevo lugar, cuando Barclay regrese le aseguro que aprenderá mucho de ella, es nuestras mejor agente.

Era mucha información en poco tiempo para mi abarrotado cerebro, trataba de asimilar todo cuanto pudiese, nuevamente me invadían millones de preguntas sin respuesta, debería aprender al pie de la letra, todo sobre cómo ser ese tal deos, feos, jeos, o como fuera que se llamase, sería mi nueva identidad y no podía obviar el más mínimo de los detalles. Me causaba cierta extrañeza el por qué habían escogido un nombre árabe, o sería solo cuestión de azar, no sabía bien como empezar a encajar las fichas del puzzle, o tal vez era que simplemente no había ningún puzzle por descifrar. Solo una cosa si me quedó clara en ese momento y es que recibiría entrenamiento, sí, entrenamiento para convertirme en agente de inteligencia, de eso no tenía la menor duda.

Los planes iniciales habían cambiado drásticamente, ya no era como me había dicho Derek que me soltarían todo en un solo día. Me sentí de cierta manera aliviado al saber que todo sería gradual y tendría a alguien instruyéndome hasta adquirir el conocimiento necesario para ser embarcado en mi primera operación.

Mi mente trapicheaba a mil por hora, parecía una locomotora dando su máximo rendimiento en una empinada colina, la voz del general me extrajo de mis pensamientos tan rápido como había caído en ellos.

—Y bien, ¿qué piensa al respecto agente Latif? —No me acostumbraría muy rápido a ser llamado por ese nombre, me resultaba de lo más extraño…

—Bueno… yo…. emm… no sé qué deciros general, todo esto me ha caído de golpe, vaya que no me lo esperaba, pero… podéis estar seguro que cumpliré con vuestras expectativas, siempre ha sido así y esta vez no será la excepción…

—Bien, eso espero, me estoy jugando mucho por ayudarlo agente Latif, espero lo mismo de su parte. —siempre que el general hablaba me veía directo a los ojos, no había ápice de duda en sus palabras, la autoridad al hablar era algo que se le daba muy bien al veterano militar, supuse que habría de triplicar mis años de carrera militar, eso era algo digno de admirar, a partir de ese momento le vería con merecido respeto, no muchos llegaban a ese grado y aún seguían siendo participes de operaciones como él lo estaba haciendo, por otro lado, la ayuda que me estaba ofreciendo el general era esa segunda oportunidad de reacomodar mi vida, aunque sabía bien que esperaban mi aporte en sus operaciones como pago, deduje que debieron haber revisado muy bien todo mi expediente militar antes de aceptar ayudarme, y de ser así, ya estaban al corriente de las muchas misiones exitosas en diferentes países de las que fui participe, nunca antes en toda mi carrera militar había escuchado mencionar al general Carbel, aunque no era nada raro sabiendo que era un oficial de inteligencia, todos solían cambiarse los nombres y usar pseudonombres entre ellos, un gran lío lograr identificarlos.

Me alojarían en la casa de una tal agente Barclay, era un lugar propicio para mantener mi confidencialidad, aunque, no sabía bien si eso sería un problema o me favorecería de alguna manera, lo cierto era que tendría un techo donde pasar la noche, nuevamente fue la voz del general la que me espabiló de mis lagunas mentales.

—¿Tiene con usted sus tarjetas de banco, agente Latif?—preguntó el general viéndome directo a los ojos.

—Emmm, claro, es decir, sí señor. —No me esperaba que me fuesen a terminar cobrando por los días de entrenamiento, me había tomado por sorpresa, sin embargo decidí entregarle mis tarjetas sin objeciones, solo esperaba que no fuera a costarme un ojo de la cara, necesitaba conservar mis ahorros.

—Realizaremos un par de transacciones ficticias–agregó el general, debió notar la preocupación reflejada en mi rostro y continuó su explicación: –haremos compras en tiendas y registros de hoteles en China, Inglaterra, América del sur y Rusia, les daremos un poco de trabajo adicional a nuestros colegas de inteligencia en Valencia. Y no se preocupe por su dinero, le reembolsaremos cada centavo a una nueva cuenta que le hemos abierto con su nueva identidad, todos sus ahorros serán transferidos anónimamente a su nueva cuenta de banco, también tiene nuevas tarjetas bancarias registradas a su nombre, señor Latif, todo lo encontrará dentro de la carpeta que tiene en sus manos, espero ahora empiece a entender porque es tan importante que interiorice cada detalle ahí escrito. –ufff fue un alivio para mí el saber que seguiría conservando mis ahorros.

—Muchas gracias general –desearía haberle expresado la inmensa satisfacción que sentía por volver a hallarle un rumbo a mi estrellada vida, pero no se me daba muy bien los agradecimientos imprevistos, así que me limité a ese "gracias".

—Ahórrese sus agradecimientos para más adelante Agente, a partir de este momento tiene mucho trabajo por hacer, ahora, ya puede salir de mi oficina, lo están esperando para darle una breve inducción por nuestras instalaciones.

—Sí señor, permiso me retiro general. –me levanté de la silla y empecé a caminar hacia la salida, cuando estaba cruzando la puerta escuché decir al general:

—Agente Latif, –me di media vuelta para saber de qué se trataba.

—Yo personalmente me tomé la molestia de leer de manera minuciosa su expediente de carrera militar, tengo fe en ti hijo, no me decepciones. –No supe que decir en ese momento, me había pillado con la guardia baja, en el fondo agradecí el voto de confianza que me había dado el general, respondí con lo único que tenía en mente.

—No lo haré general, no os defraudaré. —me volví a dar vuelta y salí de la oficina, en mi mente parecía haber un enorme volcán a punto de hacer erupción por tanta información inesperada, mantenía bajo mi brazo derecho la preciada carpeta que me había entregado mi nuevo jefe, caminaba por el mismo pasillo por donde había llegado, parecía ir en una especie de trance mental, caminaba con la mirada perdida en el largo pasaje mientras mis pensamientos se hallaban distantes en una galaxia a millones de años luz.

Una voz a mis espaldas me llamaba por mi nuevo nombre, sabía que era a mí a quien requería ese incesante llamado, aun así no conseguí reaccionar, seguí caminando como si no hubiese escuchado nada, mi mente se hallaba en un lugar muy lejano del mundo real.

—¡Agente Latif!, ¡esperadme tío! —al final, después de un par de segundos de divagar por los mundos extraños de mi mente, logré volver en mí y me di media vuelta, logré identificar al dueño de la vos que me había estado llamando.

—¿Káel?, ¿acaso estabas espiando la conversación que estábamos teniendo el general y yo? —interrogué con cierta malicia.

—No es necesario Latif, he sido yo quien ha reunido la mayor parte de la información contenida en esa hermosa carpeta ambarina que llevas bajo tu brazo, estoy al tanto de todo tío, no te quieras pasar de listo conmigo eh. —decía el joven árabe mientras me daba un codazo en señal de camaradería.

—Vale, vale, pues si es así como dices no me dejas elección, debo asesinarte, sabes mucho sobre mí, será por mi propia seguridad que te asesine. –le devolví el codazo y soltamos al tiempo una estrepitosa carcajada.

–Bueno ya tendrás tiempo para asesinarme más adelante tío, porque ahora debo instruirte en el arte de la inteligencia militar, seré tu instructor por un par de semanas, así que vete acostumbrando a verme por lo menos 23 horas y media al día, la media hora restante te llamaré por teléfono para saber cómo va todo.

–¿Es que acaso pensáis en compartir litera conmigo o que coños tío?, pues… con eso de que te veré todo el día no se me ocurre otra cosa. –Káel me voltio a ver levantando una ceja con cara de no haber captado el mensaje, no pudo contenerse más y estalló en una enorme carcajada, la risa es contagiosa y me uní a la risotada.

–Vale, eres un pesado tío eh, solo bromeaba con lo de las 23 horas colega. –terminó diciendo Káel mientras recuperaba el aliento después de tanto reír.

–Pues yo no bromeaba en que te quieras salir del clóset conmigo, aunque siento decepcionarte colega, porque te confieso que a mí sí que me gustan las tías, tienes un ejemplar del verdadero macho alfa ante tus ojos, así que dormirás en el sofá, no pienso compartir litera con un gilipollas como tú. –una escandalosa carcajada no se hizo esperar de ambos lados. Me empezaba a caer bien el agente Káel, era muy ameno entablar una plática con él, no se tomaba a pecho mis bromas y casi siempre se le veía de buen humor.

–Vamos a la sala principal. –sugirió Káel mientras seguíamos caminando por el pasillo. –quiero enseñarte un poco de las diferentes dependencias de nuestra agencia, ya es hora de que hagas nuevos amigos, los vais a necesitar más adelante, eso te lo puedo asegurar tío.

Llegamos al salón de oficinas que había visto la primera vez, nos abrimos paso por el medio del recinto, alguno que otro curioso asomaba la cabeza por encima de su cubículo para ver al nuevo integrante de AURA.

—Te presento al agente Owen, nuestro colega cerebrito es un genio en el tratamiento de imágenes digitales, todo lo relacionado con servicios informáticos y cosas de ese estilo son el trabajo de nuestro colega aquí presente, también te adelanto que será tu instructor en esas áreas del conocimiento.

—¿Qué tal tío? ¿Así que tú eres el nuevo eh? Pues bienvenido a la familia, lo que necesites por aquí ya sabes, siempre a la orden. —fueron las primeras palabras del agente Owen, un hombre joven de piel blanca como el papel, ojos negros y cabello no muy largo del mismo color, lucía un traje negro muy similar al del general.

Empecé a notar que ese traje era el uniforme de la agencia, todos llevaban casi el mismo atuendo, a excepción de las mujeres que vestían una sexy minifalda negra y un saco del mismo color, dejando ver a la altura de sus pechos una inmaculada camisa de botones color blanco, todas vestían tacones negros y medias veladas. Realmente bellas en su mayoría.

—Pues gracias agente Owen, espero serles de ayuda en la agencia. —Respondí ante la amabilidad del agente.

—Y lo serás tío, eso dadlo por echo, se rumora en los pasillos que tienes todas las cualidades para ser el nuevo favorito en Aura, te esperan cosas grandes chaval, vete preparando… —agregó Owen perfilando una sonrisa en su rostro.

—¡Que así sea agente Owen!—respondí medio dubitativo por sus palabras, no sabía a ciencia cierta si lo de su comentario fuera bueno o malo.

—¡No! ¡no! ¡no! nada de agente, estamos entre colegas tío, solo Owen está bien para mí. —apremió mi nuevo colega.

—Vale, lo que tú digas Owen.

Intercambiamos un apretón de manos y me despedí de Owen, Káel me indicaba que fuéramos a dar un recorrido por todas las instalaciones del edificio, debería aprender donde ubicar cada una de las oficinas, habían cientos de ellas distribuidas en los seis pisos del edificio, desde las oficinas de las secretarias del general, pasando por los agentes informáticos, hasta los forenses y cuerpo técnico de investigación, habían muchas otras dependencias, cada una portaba su nombre en una especie de sticker pegado en la parte superior de cada oficina.

Parte del día se esfumó sin darme cuenta, por las ventanas se empezaba a distinguir el apaciguado sol de media tarde, Káel me había estado paseando por todo el edificio, presentándome cantidad de personas en cada oficina a la que nos adentrábamos, ya estaba canso de repetir las mismas palabras a tanta gente, por fin se terminaba mi primera jornada.

Me comunicó Káel que me llevaría a la casa de la agente Barclay, donde me hospedaría.

Sentí un gran alivio al escuchar sus palabras, anhelaba darme una buena ducha y tumbarme en una cama, aprovecharía las últimas horas de sol para divisar el paisaje de ida al lugar en el que me hospedaría.

Bajamos al sótano del edificio donde estaban los aparcaderos, nos dirigimos hasta un lujoso bmw de vidrios oscuros, Káel se subió en el asiento del piloto y me pidió abordar el asiento del copiloto, encendió el coche y nos pusimos en marcha.

Durante el viaje mi colega me había estado hablando de la estructura organizacional de AURA, siendo su comandante en jefe el general Carbel, lo describió como un hombre justo, recto en su actuar pero también severo con los que se saltaban las normas. Habían estado trabajando juntos por más de siete años, Káel se había vuelto el agente más cercano al general, algo así como su mano derecha, por eso le había encomendado la ardua tarea de instruirme en el oficio, confiaba plenamente en que no sería labor difícil para Káel.

Yo sabía bien que todos en AURA eran militares activos, sin embargo no me quedaba muy claro cómo era la forma correcta de dirigirme a cada uno de ellos, si por un grado en especial o alguna otra forma que yo desconociese, quise despejar mi duda preguntándoselo a mi colega.

–Káel, hay algo que aun no entiendo muy bien. –comencé diciendo. –aquí todos son militares con el distintivo de "agentes de inteligencia", pero… ¿qué grado militar tienen, o, como me debería dirigir a cada uno?

–Eres buen observador Latif, y en cuanto a tu pregunta, verás, no se suele revelar nuestros grados militares a nadie, y cuando digo a nadie significa A N–A–D–I–E, NADIE, ni siquiera entre nosotros mismos, es como una especie de tradición muy antigua en AURA, aunque todos sabemos que aparte de la tradición se hace así por motivos de seguridad, a excepción de Carbel del que todos conocemos su grado, bueno y a excepción tuya también tío, en vista de que te has vuelto famoso por la tele estos últimos días, todos en AURA sabemos que eres el cabo segundo Neythan Brown. En condiciones normales solo se nos asigna pseudonombres que debemos usar de forma permanente, y todos aquí tenemos el grado de agentes, no hay oficiales, suboficiales o soldados, aquí todos son agentes.

Solo en casos muy aislados se conoce o se te permite usar el nombre real, como en tu caso por ejemplo, que todos lo conocemos por la adversidad de las circunstancias. En mi caso uso un Pseudonombre que ya conoces "Káel", me fue asignado debido a mis notorios rasgos árabes, aunque... ahora que lo menciono no logro encajar muy bien el motivo por el cual te han asignado un nombre árabe a ti también colega, porque... de árabe no tienes ni un pelo, hummm bastante curioso ¿no lo crees? –terminó diciendo Káel mientras con una mano se rascaba la barbilla, como queriendo encajar las piezas del puzzle en su mente.

Las últimas palabras de Káel hacían eco en mis pensamientos, a mí también me había surgido la misma duda cuando supe de mi nuevo nombre, Káel solo confirmaba mis sospechas, ese nombre no había sido elegido al azar, tenía un objetivo y muy pronto descubriría lo que era.

Nos empezamos a adentrar en un vecindario bastante tranquilo, jardines a la orilla de la carretera, revestidos con innumerables árboles frutales, la imagen se repetía una y otra vez en cada casa que íbamos pasando, giramos a la izquierda y en frente logré divisar un jardín mucho más abundante en vida y matices que los que habíamos dejado atrás, éste ocupaba la totalidad del frente de una enorme casa colonial de dos plantas y un balcón que daba hacia la calle principal, los lirios en exóticos y resplandecientes colores formaban la primera sección de la encantadora vista, seguidos por tulipanes de vibrantes colores que daban paso a toda una guarnición de rosas, claveles, violetas, dalias, crisantemos, amapolas y un innumerable número de especies deleitables a la vista por sus formas y colores. Dos palmeras indicaban el camino a la puerta principal de la casa. El coche se detuvo justo en frente de la majestuosa vivienda.

–¡Bien!, hemos llegado colega, os presento tu hogar de paso, ¿bonita casa no crees?

Vaya que sí lo era, la casa emanaba una tranquilidad absoluta, se percibía una viva sensación de paz proveniente del lugar, incluso los ánimos parecían mejorar a pasos de gigante con solo estar en frente de la paradisiaca edificación.

CAPÍTULO 11

AGENTE BARCLAY

Bueno tío, creo que por hoy ha sido todo, aprovecha lo que te queda de la tarde y parte de la noche para que empieces a ojear los archivos que llevas en tus manos, en cuanto menos tiempo te lleve interiorizar cada detalle ahí escrito será mejor para ti. –decía Káel mientras se daba vuelta y se introducía nuevamente en el coche.

Mi colega bajó la ventanilla del coche y me dio las últimas indicaciones antes de marcharse del lugar:

–¿Ves esa maceta con las flores azules en la entrada? –preguntó Káel mientras señalaba la maceta con el dedo índice de su mano.

–Tendría que estar ciego para no verla. –respondí en tono jocoso.

–Nunca se sabe tío –se defendió Káel.

–Busca dentro de ella, ahí encontraréis las llaves de la casa, una vez adentro verás un pasillo principal, según me ha indicado Barclay hay tres recamaras en el primer piso, todas están abiertas, te puedes instalar en cualquiera de esas.

–Vale tío, me lo pones en bandeja, pues gracias eh.

—Ah y una última cosa —decía Káel mientras empezaba a pisar el acelerador. —paso por ti a las cinco de la mañana, espero estés listo a esa hora capullo, os advierto que al general Carbel no le gusta la impuntualidad —no me dio oportunidad de responder, ya había pisado a fondo el acelerador y se había esfumado en la primera esquina del vecindario.

Caminé hasta la puerta y empecé a rebuscar en la maceta como me lo había indicado Káel, no me tomó mucho tiempo en dar con una pequeña llave color plateado, le removí la tierra de un soplido y la introduje en la cerradura, la puerta cedió sin resistencia alguna.

Si la vista de la casa desde afuera me había impresionado, cuando abrí la puerta quedé con la boca bien abierta de la sorpresa.

Me quedé parado por un par de minutos en la puerta mientras apreciaba cada detalle del interior de la casa, enormes cuadros decorativos adornaban las paredes, en sus lienzos, se podía apreciar varias flores que no recuerdo haber visto nunca antes, en colores tan exóticos que solo pudieron haber sido concebidas bajo las suaves caricias del pincel en mano diestra de un legítimo artista. También observé varios cuadros de dunas de arena en algún desierto desconocido para mí, hubo uno en especial que captó mi atención; se trataba de la imagen de un oasis en medio del gran desierto, había empezado a ponerse el sol, y a orillas del oasis se observaba una mujer esbelta de espaldas, vistiendo un tradicional y exótico traje árabe en color vino, dejando a la vista una hermosa cabellera negra que daba hasta el inicio de sus caderas, lo curioso es que la mujer tenía una mano levantada en un delicado gesto y una pierna ligeramente encogida, sin duda alguna danzaba algún tipo de melodía.

La casa era bastante espaciosa, la sala principal contaba con un formidable juego de sofás y unas mesitas de sala a un costado, una televisión supremamente delgada pero de dimensiones considerables ubicada convenientemente en frente del sofá, el piso era en madera muy fina, se podía apreciar la elegancia en la elección del entablado.

Toda la casa por dentro y gran parte de afuera había sido bañada en un color crema que casi llegaba a blanco. En el costado derecho de la sala se ubicaba una pecera grande, abundante en vida marina, los pececitos dorados revoloteaban en su interior, dando la impresión de ser pequeñas luces artificiales. En el costado izquierdo divisé una grandiosa colección de bonsáis, los diminutos arbolitos orientales daban la sensación de haber entrado en una jungla miniatura.

Una cocina bastante amplia y muy moderna se encontraba más al fondo, cerré la puerta y decidí seguir ojeando el lugar. Crucé la sala principal y me adentré por el pasillo, efectivamente encontré las tres recamaras que me había indicado Káel, decidí seguir caminando a sabiendas de que en una de esas tres me alojaría, solo quería echar un vistazo a la casa. Seguí avanzando por el pasillo, al final encontré una escalera en forma de caracol que ascendía hasta el segundo piso, empecé a subir los escalones sin más, a medida que me acercaba al final de los escalones, un aroma a tierra húmeda irrumpió mi sentido del olfato, cuando subí por completo me quedé con los ojos bien abiertos de la sorpresa, no podía creer que fuera cierto lo que veía, hasta me di un pellizco para comprobar que no soñaba ese momento, lo que mis ojos habían descubierto era simplemente fascinante: un huerto, sí, un huerto donde pululaba una especie en concreto "tulipanes", tulipanes de un color rojo vibrante, habían otras especies en alguno que otro rincón, pero, los tulipanes rojos ocupaban casi un 99 por ciento del huerto.

Pasé caminando por el pequeño espacio que había en medio de las hermosas flores, maravillado ante tanta belleza, estiré mis manos con intención de rozar mis dedos en algunos de los inmaculados pétalos, pero, en el instante desistí a la idea, las sublimes flores se veían intachablemente hermosas que no me atreví a perturbar su encanto.

Las ventanas rectangulares del lugar permitían el ingreso a una suave brisa que acariciaba mi rostro, los últimos rayos de sol del día se colaban por los espacios de los ventanales, bañando con su esplendor cada pequeño pétalo, dando como resultado un rojo muy vivo y resplandeciente en cada tulipán.

Un sonido bastante peculiar llamó mi atención, seguí avanzando por el hermoso huerto hasta dar con la procedencia del característico e inconfundible sonido. <<lo sabía>> me dije para mis adentros, se trataba de una fuente, una muy peculiar; dos golondrinas de mármol ubicadas en el centro de la fuente se veían de forma diagonal mientras de sus picos salía expedido el preciado líquido, uniéndose ambos chorros en uno solo y produciendo el relajante sonido acuoso al caer al fondo de la fuente.

Seguí curioseando por el paradisiaco lugar, más al fondo divisé una llamativa puerta de fina madera color caoba, sin duda alguna era una cuarta recamara, deduje que se debía tratar de la recamara de la agente Barclay, sentí curiosidad por echar un vistazo en su interior pero… <<humm, tal vez no sea buena idea>> pensé en el momento, así que me devolví al primer piso y escogí la primera recamara para instalarme.

Una habitación bastante sencilla pero acogedora, una cama amplia y dos mesitas de noche, un clóset en madera abierto de par en par sin ninguna prenda en su interior, una ventana que daba hacia la calle principal, era un vecindario bastante tranquilo, las casas en su mayoría eran de dos plantas y pululaban los colores claros, no se veían coches aparcados en las calles, la suave briza removía un par de hojas que caían de los árboles anunciando el inicio del otoño, la tranquilidad era inmutable, sin duda alguna era un buen lugar para vivir en armonía.

Cerré la puerta con pestillo y me despojé de mis ropas, caminé hacia la ducha y dejé el agua correr un par de segundos antes de meterme bajo el refrescante chorro. Las cavilaciones llegaron a mi mente de manera fugaz, toda mi vida había dado un giro completamente inesperado, pensar en el futuro a veces se tornaba aterrador, recordar el pasado lo era aún más, al parecer mi mejor opción sería vivir el presente y abstenerme de pensar en distracciones pasadas o futuras, a partir de ese momento decidí no malgastar energías tratando de adivinar un futuro incierto. Si de una cosa estaba seguro era de que no se la pondría fácil a quien quiera que fuese mi enemigo, se lo tendrían que currar a montones para doblegarme, y no le pensaba dar ese gusto.

Salí de la ducha envuelto en una cómoda toalla de algodón, me paré frente al espejo y dejé caer la toalla, me quedé observando mi figura por un par de segundos, siempre me había gustado verme al espejo, admiraba mi propio cuerpo, por donde quiera que lo viese se apreciaban las fibras de mis músculos bien formados, resultado de los varios años que había acumulado de arduo entrenamiento en el gimnasio. Lo sé, era un presumido. Me puse un pijama que traía en la valija y me tendí sobre la cama, tomé la carpeta que tanta curiosidad me había despertado desde el momento en que Carbel me la había entregado, todo el día había sentido un deseo incontenible por sentarme y echarle una ojeada, Káel me había tenido tan ocupado presentándome a todos en AURA que no me dio tiempo de echarle un vistazo, pero, ahora en la privacidad de mi recamara, era el momento perfecto.

<<Baia, baia, así que nacido en "fes" (marruecos)>> fue lo primero que divisé tan pronto leí las primeras líneas del documento que tenía unas letras rojas con la palabra "ultrasecreto" en la parte superior del escrito. Mis padres habían fallecido en un accidente de coche quince años atrás, por lo tanto viví en condición de huérfano, tenía un par de primos en Marrakech (ma-

rruecos). Debido a mis altas notas en la escuela se me otorgó una beca estudiantil para continuar con mis estudios universitarios, donde me gradué como ingeniero aeronáutico, debido a que fui el primero de mi curso me volvieron a becar para continuar con mis estudios profesionales en España, fue así como llegué al vecino país y culminé mi estudios como "controlador de tránsito aéreo" en la academia de la OACI (organización de aviación civil internacional) y actualmente me desempeñaba como diseñador de procedimientos aeronáuticos del aeropuerto de Barcelona. <<¡joder! esto suena a alguien importante, mola, mola bastante, me empieza a gustar.>>, soltero, sin hijos. En el archivo seguí leyendo toda una vida meticulosamente descrita, no se les había pasado por alto ni el más mínimo de los detalles, extraje mi nuevo pasaporte, de inmediato me di cuenta que no era un pasaporte español, se trataba de un pasaporte marroquí, ya empezaba a encajar las piezas del rompecabezas, algo tendría que ver el vecino país con mi emergente profesión de agente, de eso no me quedaba la menor duda, continué revisando y tal y como lo había mencionado Carbel, encontré dos tarjetas de banco bajo mi nuevo nombre, un teléfono móvil muy moderno y una licencia de conducir. Dejé el teléfono en el mismo lugar y seguí leyendo el reporte de mi nueva vida, me repetía a mí mismo en voz alta una y otra vez cada línea tratando de interiorizar su contenido, –Soy Theos Latif, nací un cinco de noviembre en Fes–marruecos, mis padres fallecieron hace 15 años en un accidente de coche. Soy ingeniero aeronáutico y controlador de tránsito aéreo, trabajo en el aeropuerto internacional de Barcelona como diseñador de procedimientos aeronáuticos. Mi hobby favorito es "la escritura" (Casualmente era cierto), amo los deportes extremos (cosa que en mi realidad también resultó ser cierta), mi última relación amorosa se terminó hace ya más de un año (curiosamente también era cierto), tengo muy poca familia, y la mayoría están actualmente en mi país natal "marruecos", asistí a la universidad "Cadi Ayyad" ubicada en Marrakech (marruecos), donde logré obtener mi titulación como ingeniero aeronáutico, por el alto puntaje de mis notas recibí una beca para seguir mis estudios en

Barcelona España, y fue así como me especialicé en Control de tránsito Aéreo, trabajo que aun hoy día seguía ejerciendo.

Y seguí así repitiéndome a mí mismo cada línea hasta que noté como mis parpados se hacían cada vez más pesados, descargué los documentos sobre el nochero y me recosté en la cama, mientras veía hacia el techo, una imagen muy clara llegó a mis pensamientos "Lauren". Recordé que entre todo lo que hablamos, me mencionó que vivía en Barcelona, y en ese momento me percaté de que estábamos en la misma ciudad, no lo podía creer, acaso… ¿sería otra coincidencia? O… ¿sería predestinación divina? en ese instante experimenté una extraña felicidad, sentí un deseo implacable por volver a verla, aunque… después de todo lo que habían estado diciendo los noticieros sobre mí en los últimos días, me hacía pensar que tal vez fuese motivo suficiente para que ella no quisiese verme nunca más, o peor aún, que ella diese aviso a las autoridades para entregarme. Solo eran teorías que nublaban mi mente, todo podría pasar, aunque quizá solo fuesen eso "teorías", aun así no desistía a la idea de volver a verla, algo había logrado despertar Lauren en mí, ¿curiosidad?, ¿fascinación?, ¿encanto?, realmente no sabía lo que era, solo tenía claro una cosa y es que me había hecho sentir de una manera muy especial, nunca antes me había sucedido algo parecido con ninguna otra mujer.

Me preguntaba dónde estaría en esos momentos, lo que estaría haciendo, según me había contado, su empresa le demandaba mucho tiempo, era una mujer de negocios, tomé mí teléfono con la intención de llamarla, pero…. Estaba tan agotado que me prometí a mí mismo llamarla al día siguiente, descargué el teléfono sobre el nochero y me quedé nuevamente tumbado sobre la cama, no me llevó siquiera cinco minutos para caer en un sueño profundo.

Abrí mis ojos y empecé a ver todo en matices negros y blancos, las imágenes no eran muy claras. Estaba en un desierto rodeado de enormes dunas de arena, no sentía frío ni calor, miedo o alegría, simplemente no sentía, empecé a subir a paso lento por una de las portentosas dunas, al llegar a la cima me miré los pies y noté que iba descalzo, noté como los granitos de arena se colaban por el medio de mis dedos, me sentía cómodo, como si fuese una situación de la vida diaria, seguí caminando por la cima de la duna y de entre la arena empezaron a surgir muchas víboras negras, me detuve y me quedé mirándolas atentamente, sin duda alguna sus intenciones eran acecharme. Entonces como si ya supiese qué hacer estiré mi brazo derecho apuntando hacia la arena al lado de mis pies, fue entonces cuando por mi dedo índice empezó a salir una víbora en un perfecto color naranja metálico, sus ojos destellaban en un negro muy profundo, se veía fiera y letalmente peligrosa, se empezó a deslizar sobre la arena, abrió sus fauces de un tamaño impresionantemente enorme, de repente se empezó a tragar las víboras negras. Cuando terminó de tragarse la última víbora, regreso y se puso en frente de mí, su tamaño se había aumentado como por diez y, me veía directamente a los ojos. Yo mantenía una tranquilidad inmutable, estiré nuevamente mi brazo derecho mientras le decía al monstruoso animal; "tú eres yo y yo soy tú, vuelve a mí, así como yo vuelvo a tí" como por arte de magia la enorme víbora se empezó a introducir nuevamente en mi brazo... el sonido de unos fuertes golpes me despertaron de improviso. Me levanté de la cama como un resorte, me miré el brazo derecho y sentí cierto temor, me miré los pies y para mi suerte todo estaba normal, solo había sido un sueño, un sueño muy extraño por cierto. Los golpes incesantes, provenientes de la puerta principal retumbaban por toda la casa, los llamados de Káel me hicieron saber de lo que se trataba, presioné una tecla de mi teléfono para confirmar la hora y... <<¡Mierda! Son las cinco de la mañana, ¡Rayos!>>

Me había quedado dormido y olvidé poner el despertador.

—¡Ya voy colega! —le grité a Káel desde mi recamara. —salí disparado hacía la ducha y giré la llave, el chorro de agua helada me hizo dar un brinco. Me tiritaban los dientes por la baja temperatura del agua, salí corriendo de la ducha y me puse unos vaqueros negros, mis botas militares, una camisa de botones blanca y la chaqueta de cuero que había comprado en Sedaví. Me introduje el teléfono en un bolsillo del pantalón y salí corriendo hacia la puerta.

Káel estaba recostado de espaldas contra una de las columnas de concreto que sostenía el balcón.

Sin alterar su posición me empezó a decir:

—¿Si te había contado que el General Carbel detesta la impuntualidad? ¿Verdad?

—Vale colega, me he olvidado de poner el despertador, lo siento.

—Nada de disculpas, toma, conducirás hoy tío—sentenció Káel mientras me arrojaba las llaves del coche. Las tomé en el aire y me introduje en el asiento del piloto, introduje la primera velocidad del coche y pisé el acelerador a fondo. Káel me iba haciendo de navegante, indicándome la ruta para llegar hasta AURA.

—Acelera tío, a este paso llegaremos mañana. —me apremió Káel para que le pisara más a fondo el acelerador, él, tampoco quería llegar tarde, aunque los dos sabíamos bien que de ser así, sería por mi culpa.

20 minutos más tarde estábamos en los aparcaderos de AURA. Káel abrió la puerta y salió disparado a su oficina, a medio camino se dio vuelta y me dijo:

—Latif, ve y preséntate en la oficina del general, deberás presentarte todos los días a la misma hora mientras terminas tu instrucción como agente, ya sabes, protocolo de inducción. —Káel se fue a paso rápido hacia el elevador, yo hice lo mismo pero en dirección a la oficina del general Carbel.

Apenas iba llegando a la Oficina cuando el general se postró en la puerta y empezó a decir:

—Agente Latif, ¿Dónde diablos tiene su teléfono? Le he estado llamando innumerables veces y no atiende a mis llamadas.

—Emmm, ¿teléfono? Mi teléfono no ha sonado General. —saqué el pequeño aparato del bolsillo de mi pantalón para mostrárselo al general.

—No me refiero a ese teléfono, estoy hablando del dispositivo móvil que le dimos para que mantenga comunicación con la agencia.

—¡Ah! Sí, el... —con cara de disculpa continué diciendo: —lo he dejado en casa de la agente Barclay junto con el resto de documentos, solo he traído conmigo mi nuevo pasaporte, y mis identificaciones.

—Allá está muy bien. —ironizó el general. —le doy cuarenta minutos para que vaya y regrese con el dispositivo en mano, y le informo agente Latif que no tolero la impuntualidad, preséntese en mi oficina con el dispositivo móvil, los cuarenta minutos ya empezaron a correr.

¡Mierda! Menuda forma de empezar mi primer día de trabajo, me di media vuelta para salir disparado pero la voz del general me detuvo en seco.

—¡Agente Latif!—gritó el general en tono fuerte, sin duda alguna estaba bastante irritado. —no estará pensando que le voy a dejar quedar con su teléfono como si nada hubiera pasado ¿verdad?, ¡entréguemelo de inmediato! A partir de este momento su teléfono queda confiscado hasta que termine su instrucción como agente. No quiero distracciones.

¡Mierda! ¡Mierda! ¡Mierda! ¡Y más mierda! Justo ese día tenía pensado llamarle a Lauren. El maldito destino se me reía en las narices, en ese teléfono había guardado el número de Lauren antes de romper el pequeño trozo de papel donde ella me lo había escrito. La puta madre que...

Tomé el dispositivo con sorna y me acerqué al general con intenciones de entregárselo. Mis esperanzas de un posible reencuentro con Lauren tendrían que esperar hasta que se terminara la maldita instrucción, y según me había explicado Káel eso serían un par de meses. <<¡Gilipollas hijos de puta todos!>> La rabia me consumía por dentro, solté el aparato en las manos del general y salí disparado en dirección al coche de Káel, iría en búsqueda del otro dispositivo móvil, sentía que explotaría de la ira, de camino al coche iba mascullando entre dientes todo tipo de maldiciones habidas y por haber. Por suerte para mí aún tenía las llaves del coche en el bolsillo, encendí el vehículo y salí como alma que lleva el diablo, 38 minutos más tarde estaba parado en la puerta de la oficina de Carbel, con el estúpido aparato en las manos y la respiración entrecortada por la maratón que había corrido desde el aparcadero hasta la oficina.

–Agente Latif, ha llegado dos minutos antes –mencionó el General mientras miraba el reloj en su brazo izquierdo. –¡muy bien! veo que ya trae el dispositivo con usted, espero y esto le haya servido para que no se le ocurra volver a dejarlo de aquí en adelante. Ahora ya se puede retirar, proceda al tercer piso, Káel lo está esperando para que inicie con su instrucción.

–Sí señor. –respondí, me di vuelta y salí caminando en dirección al elevador. Una vez adentro de la enorme caja metálica presioné el botón 3, el elevador empezó a ascender y las puertas se abrieron en la tercera planta del edificio. Al Fondo divisé a Káel conversando con Owen. Deduje que hablaban de mí por la risa que soltaron ambos al verme, supuse que les caía mucho en gracia mi peculiar forma de iniciar con el primer día de trabajo. Yo no estaba de genio para ser el motivo de risa de nadie, bastó con ver a mi colega a los ojos, al parecer Káel captó el mensaje y adoptó una actitud más seria. Me hizo señas para que lo siguiera, entramos a una pequeña habitación donde habían una especie de pupitres universitarios recubiertos en fina y acolchonada tela en un vistoso color azul, y mucho más cómodos de lo que se podría encontrar en cualquier universidad privada, perfectamente acomodados, un proyector encendido y el logo de AURA en el lienzo blanco que daba en frente al proyector, Káel se ubicó al lado de un ordenador y me pidió tomar asiento en uno de los pupitres vacíos que daban en frente de él. La típica aula de clases universitaria, solo se diferenciaba por dos pequeños detalles puntuales, primero: no era una universidad. Y segundo: yo era el único alumno.

Antes de empezar la instrucción Káel se disculpó por haberse reído de mi infortunio con lo del móvil.

–Lo siento tío, sé que te has molestado por lo de tu móvil, no pude evitar que me viniera en gracia, pero os aseguro que no es nada personal.

–Vale colega, no hay lío, ya se me ha pasado.

–Pues bien, ahora sí a lo que vinimos. Hoy empezaremos con algunos conceptos básicos y bastante sencillos para que os vayáis haciendo a una idea de cómo va esto. –empezó diciendo Káel. –Quiero que memoricéis bien esto: "la primera norma en los trabajos que se desarrollan en un servicio de inteligencia, es que no hay normas" Recuérdalo siempre Latif, es la base en una operación de inteligencia, "no hay normas".

Yo había traído conmigo una libreta y un bolígrafo, me dispuse a tomar nota de las cosas que me iba explicando mi nuevo colega e instructor.

La mañana transcurrió sin percatarme de ello, había estado muy atento a la inducción que estaba recibiendo por parte de Káel, empezaba a tornarse muy interesante para mí el mundo de los agentes de AURA y las operaciones encubiertas que allí se realizaban, el cual había sido el tema principal de Káel durante toda la mañana. Me puso al tanto de mi nueva agenda de instrucción, hubo un punto que llamo mi atención en particular, y era el hecho de que tomaría clases intensivas de árabe por las tardes y profundizaría en estudios informáticos de inteligencia militar. No me lo esperaba (pero recibí la noticia con mucho agrado, se me daban muy bien el rollito de los idiomas, aunque no opinaba lo mismo con lo de la informática). También vi que tendría clases sobre control de tránsito aéreo e ingeniería aeronáutica, aunque solo serían por una semana, supuse que sería solo para afianzar conceptos básicos de mi profesión de fachada. Ese día también me enteré por medio de mi colega que la Agente Barclay se quedaría por Madrid un par de meses, al parecer se le había asignado una misión en esa ciudad, lo que implicaría que estaría viviendo solo por algunos meses. La noticia me pareció genial, disfrutaba mi privacidad.

Ya habría tiempo más adelante para conocer a la mentada agente Barclay y, de paso agradecerle por haberme permitido hospedarme en su acogedora morada.

Mis jornadas en Aura empezarían a las seis en punto de la mañana, con una clase llamada "psicoanálisis e influencia psicológica", seguida de otra llamada "interceptación de frecuencias de baja y alta fonía" cada semana se irían incluyendo nuevas áreas del conocimiento en mi instrucción como agente de inteligencia militar.

—Como has de suponer Latif, no hemos decidido incluirte en nuestras filas solo porque sí, hicimos una profunda investigación en tu expediente militar y tu perfil se ajusta a la clase de agente que hemos estado buscando desde hace ya varios años, por eso Carbel ha decidido traerte cuanto antes a AURA, aunque al principio se te había considerado para incluirte en el programa de "agentes encubiertos no oficiales o zorros solos". Pero después de analizar tu expediente a profundidad eso cambió de inmediato. Pareces ser un militar con características muy prometedoras Latif, has tenido un robusto entrenamiento, y eso hace que el general y muchos aquí tengamos fe en ti capullo, así que demuestra de qué estás hecho. Y no os preocupéis colega, yo te guiaré en el proceso, esa es mi misión. Lo que aprenderás aquí te hará tener una percepción más amplia del mundo que nos rodea, nada a partir de este momento puede pasar desapercibido para ti, eso lo irás aprendiendo sobre la marcha.

—¿Todo esto se le enseña a los nuevos agentes de AURA? —indagué a Káel.

—¡No!, este es un nuevo programa, diseñado específicamente para alcanzar los requisitos de complejidad de las nuevas misiones en que te verás inmerso, al término del programa estarás a años luz de ventaja respecto a la capacitación de los demás agentes, este programa abarca los principios básicos, medios y avanzados de la inteligencia militar, a partir de la segunda semana empezaras a ver conceptos más técnicos, según me ha informado el general Carbel, en menos de cuatro meses debes estar listo para ser un agente de campo directamente, aunque eso es solo si todo sale bien en el entrenamiento, y para eso estoy yo, para cerciorarme de que así sea…

—¿Agente de campo?, ¿y eso que significa?

—Sí, agente de campo, déjame te lo explico: cuando inicias tu carrera como agente de inteligencia eres solo un agente raso, a medida que vas adquiriendo pericia y reúnes los méritos suficientes, se te asciende al grado de Agente Operativo, como agente operativo pasaras por lo menos cinco años siendo participe de diferentes tipos de misiones, tienes acceso a cierta información que te brindan los agentes de Campo o tus superiores. Y una vez culminado ese tiempo se hará una junta evaluadora por los altos mandos de AURA, donde definirán si tienes los requisitos para ser ascendido al último grado de nuestra carrera, "Agente de Campo". Un agente de campo es el que se juega su propia vida por obtener la información más difícil y preciada, aquella que por su sensibilidad, complejidad o alejamiento de las fuentes, permanece oculta a los procedimientos especiales de los agentes operativos; sorteando dificultades y poniendo en grave riesgo su integridad. El agente de campo se las ingenia para no ser descubierto, razón por la que requieren unas habilidades y entrenamiento súper desarrollados…

—¡La ostia! me dejan el listón muy alto tío, ¿cómo esperáis que yo consiga adquirir todas esas habilidades en tan poco tiempo? —me empezó a preocupar el hecho de no poder cumplir con las expectativas de AURA, la primera impresión que tuve fue que todo sería una completa locura, de acuerdo a lo que había entendido, ser un agente de campo no era cosa de tres o cuatro meses, ni siquiera de uno o dos años, alcanzar ese nivel de pericia era el resultado de muchos años de esfuerzo y sacrificio dando lo mejor de sí mismo. No entendía como pretendían que yo lo consiguiera en tan solo cuatro meses, era absurdo, simplemente no me cabía la idea en la cabeza.

—Sé que te suena a locura Latif. —continuó diciendo Káel. —pero no es algo tan descabellado como parece, sabemos de tu formación como fuerzas especiales, hablas inglés, español y francés, también sabemos que has terminado tu licenciatura en relaciones internacionales, has…

—¿Pero qué tiene que ver una cosa con la otra? —le interrumpí a Káel.

–Más de lo que te imaginas Latif, tu perfil no es el de un agente raso, ni siquiera el de un agente operativo, encajas perfectamente en el perfil de agente de campo, eres como una especie de diamante en bruto, solo hay que pulirte y estarás listo…

–¿Pero… porque no siguen con el plan inicial de agentes encubiertos no oficiales o zorros solos?

–Al comienzo ese había sido nuestro plan –prosiguió Káel. –pero en vista de todas tus capacidades, sería un desperdicio no vincularte directamente a la agencia, así que olvídate de los zorros solos, Latif, serás un agente de campo.

A partir de ese día muchas cosas me empezaron a quedar claras, como por ejemplo el hecho de que mi vida como "Neythan Brown" no sería más que parte de un pasado sepultado.

Un sinfín de retos se avecinaban a mi vida, el principal de todos sería convertirme en uno de los mencionados agentes de campo, tarea que hasta el momento no dejaba de presentarse en mi mente como algo extremadamente complejo, aunque si en AURA habían determinado que yo podía conseguirlo debió haber sido porque se tomaron su tiempo para estudiarlo y analizarlo con lupa, en definitiva no era una decisión al azar, ni tampoco algo tan descabellado después de todo, así que si ellos tenían fe en mí, de mi parte no me quedaba más alternativa que demostrarles que su decisión había sido acertada…

La primera semana había transcurrido de acuerdo al plan de entrenamiento que me había asignado el General. Iniciaba el entrenamiento a las seis de la mañana, tomaba un descanso de cuarenta minutos al medio día y continuaba con una inmersión del idioma Árabe por tres horas para luego culminar la tarde en instrucción con el agente Owen, en un arduo estudio de informática aplicada a la inteligencia militar, entrenamiento que por cierto se empezó a tornar muy interesante…

Por las noches cuando me encontraba en casa me centraba en dar un rápido repaso de los temas aprendidos durante el día, para posterior presentar un examen ante Káel en casa de Barclay, algo un poco informal pero de gran ayuda para mi proceso de formación.

Después de concluir los exámenes, dedicaba una hora al entrenamiento con pesas en una especie de mini gimnasio que con la ayuda de Káel había conseguido instalar en una de las habitaciones vacías. Era hábito de todas las noches machacar mis músculos hasta más no poder, para mí, siempre había sido de suma importancia mantener una excelente condición física, como fuerzas especiales había aprendido que el cuerpo es mi propio templo, un regalo divino y debía de mantenerse siempre en óptimas condiciones.

Mi nuevo colega e instructor se tomaba la molestia de recogerme y llevarme todos los días hasta la casa de la agente Barclay, donde me hospedaba...

Poco a poco se fueron esfumando las semanas y yo ni siquiera me percataba de ello, los noticieros dejaron de mencionarme, al parecer ya nadie se acordaba del "terrorista encubierto de militar" (como me habían denominado los periódicos amarillistas)...

Me la pasaba tan ocupado durante el día, inmerso en mi entrenamiento, que poco tiempo dedicaba a pensar en cosas de ámbito personal, fui progresando de manera exitosa en mi formación como agente y cada día me sentía más atraído hacia mi nueva vida, sin duda alguna se me había convertido en algo emocionante.

Era la última semana del tercer mes, ese día en horas de la tarde el general me había mandado llamar a su oficina, salí a paso apresurado procurando llegar cuanto antes, ya conocía de antemano la poca paciencia del general para esperar.

Tan pronto divisé la entrada de la oficina, noté a mi colega Káel recostado a un lado de la puerta y en la distancia me recibió con una amplia sonrisa. Sin pronunciar palabra alguna mi colega ingresó a la oficina indicándome con un gesto de su cabeza para que le siguiese.

Una vez adentro pude comprobar de lo que se trataba el asunto, me sentí rebosar de alegría…

En medio de lo que parecía ser una especie de ceremonia, presenciada por Káel, Owen y otros dos agentes allegados al general, Owen empezó a leer en voz alta el programa protocolario para la entrega de tan especial encomienda. Una vez terminada la lectura del protocolo por parte de Owen, el general se posicionó delante de mí, con una sonrisa que no supe descifrar si era de satisfacción o algo así como la típica sonrisa de un padre orgulloso después de ver a su hijo alcanzar un gran logro. Sostenía en sus brazos un vistoso cofre de madera con mi nombre grabado en la parte superior, yo no estaba seguro de cuál sería el contenido del lujoso cofre, pero en contados segundos lo descubriría…

–Agente Latif. –empezó diciendo el general. –han sido tres meses desde que dimos inicio por primera vez en la historia de AURA, a este novedoso programa, debo admitir que al comienzo las dudas y la incertidumbre se respiraban por doquier, incluso yo llegué a experimentar un poco de ello, pero hoy después de tres meses hemos podido comprobar que no nos equivocamos al elegiros, ha superado la parte más exigente del programa, los primeros tres meses se diseñaron para sacar a luz cualquier flaqueza del alumno y ante la señal más mínima de debilidad debería ser excluido inmediatamente del programa, afortunadamente no fue su caso, ha demostrado impresionante fortaleza mental, adaptación al entorno operacional, cooperación con los instructores y compromiso con la institución, entre otras muchas cualidades que lo han llevado a superar esta rigurosa etapa, a partir de este momento resta el último mes, que no es más que la preparación para el inicio de su primera misión. Pero no piense que todo termina ahí agente Latif, en el transcurso de su carrera aprenderá que para un agente nunca se termina la instrucción, estamos en continuo entrenamiento, cada misión nos aporta un nuevo escenario que aumentará nuestro nivel de pericia, afianzará conocimientos y adquirirá muchos otros nuevos.

Yo me había dedicado a escuchar con suma atención las palabras del general Carbel y solo asentía con la cabeza. Durante esos tres meses le había empezado a estimar, el simple hecho de haberme dado una segunda oportunidad de vida era algo que me ponía en deuda.

Después de otro par de palabras de ánimo exhortándome a seguir con los buenos resultados en el entrenamiento, el General me hizo entrega del preciado cofre...

–Adelante agente Latif, puede echar una ojeada al interior del cofre.

Nada más terminó de pronunciar esas palabras el general y yo ya estaba levantando la tapa del intrigante recipiente...

Por fin pude apreciar su contenido, sentía el corazón querer salírseme de la emoción, era el primer fruto de todo el esfuerzo que estaba haciendo, me invadía la felicidad.

–¡Enhorabuena tío! ¡Bien merecido Latif! –Me decía Káel mientras me daba un codazo en señal de camaradería.

–Sabía que lo conseguirías colega –manifestó Owen mientras recargaba su brazo sobre mi hombro, echó una ojeada al contenido de mi cofre y continuó diciendo: –Espero y sea de tu talla colega, porque esos sí que son difíciles de conseguir.

—Vale, no me vengas con malos augurios tío, esta belleza se me verá bien guay —protesté a Owen.

—Sabes cuánto tiempo tuve que esperar para recibir mi uniforme de agente? —inquirió Káel.

—Ve tú a saber, solo sé que yo ya tengo el mío y me quedará de la ostia, y no estoy para escuchar lamentaciones señoritas. —una estrepitosa carcajada de la que hasta el general fue participe, se dio lugar ante mi comentario.

Después de varias palabras de agradecimiento de mi parte hacía el general Carbel y hacia mis colegas y a su vez instructores, a quienes di todos los méritos por haberme ayudado a alcanzar tan magnifico logro, salimos todos de la oficina. Yo me dirigí al coche con Káel. Mi colega no dejaba de hacerme bromas por lo feliz que se me veía ante la entrega de mi uniforme. Aunque lo único que no me dijo es que ahí no se terminaban las sorpresas…

Durante esos tres meses en AURA, mi amistad con Káel había crecido a pasos agigantados, después de los exámenes de cada noche solíamos hablar de temas más triviales, fue gracias a esas platicas dónde logré por medio de Káel enviar cartas a mi madre explicándole que me encontraba bien y que más adelante la contactaría, pero que por el momento se debía conformar con saber que estaba bien. Káel se encargaba de hacer llegar las cartas de forma anónima pero no sin antes haberlas leído para cerciorarse que yo no fuera a dar algún detalle que pusiera en riesgo la confidencialidad de mi situación, (parte del protocolo de seguridad interna de AURA).

Era viernes por la noche y ya habían concluido los exámenes de conocimiento por parte de Káel, quien antes de despedirse me informó que al día siguiente no tendría que asistir al entrenamiento de la mañana, aunque eso no me eximía de que pasaría por mí a las cinco y media de la mañana, algo le escuché comentar acerca de ir a un "lugar diferente". Esa noche recuerdo haberme quedado dormido con la intriga de cuál sería ese lugar al que se refería Káel, Y más por eso de "diferente"

Aún no daban señal de vida los matutinos rayos del sol y yo ya estaba de pie en la puerta principal esperando por mi colega. A las cinco y veintiocho minutos llegó Káel.

—Baia baia, que curioso verte listo tan temprano tío, así que la curiosidad te pudo eh. ¡Venga vámonos! —la expresión divertida en el rostro de mi colega me venía en gracia, hacía ya varios días que no veía nada diferente a las áreas de entrenamiento y las instalaciones en general de Aura, el hecho de pensar que visitaría un lugar desconocido hasta el momento me daba ese aire de incertidumbre y emoción.

Me introduje casi que por instinto en el asiento del copiloto y sin pronunciar palabra Káel pisó el acelerador a fondo, no habían muchos vehículos que transitaran las calles de la ciudad a esa hora, por lo que nuestra marcha se vio interrumpida en muy pocas ocasiones por alguna que otra luz de tránsito en rojo. Después de treinta minutos el vehículo aminoró la marcha y Káel empezó a conducir hacia los aparcaderos de una bodega de dimensiones formidables, se detuvo en frente de una puerta metálica y extrajo del bolsillo derecho de su traje lo que parecía ser una especie de control remoto, instantáneamente las puertas empezaron a elevarse con parsimonia, como queriendo dar la impresión de que un gran secreto estaba a punto de ser develado ante mis ojos, o, por lo menos algo similar me aguardaba...

Káel condujo dentro del lugar y aparcó el coche, nos bajamos y lo primero que vi fue una inmensa cantidad de coches deportivos aparcados en perfecta alineación, los había de todas las marcas, tamaños y colores. Desde audis descapotables, hasta bentleys GT del año...

—¿Eh Que hacemos en un concesionario de coches Káel? —pregunté enarcando una ceja, la confusión se reflejaba en mi rostro, aún no sabía con claridad cuál era el motivo de nuestra visita a esa lugar.

—No es un concesionario de coches tío, es el depósito automovilístico de Aura, el general ha convenido que ya es hora de que se te asigne tu coche de servicio, y eso hacemos hoy aquí, buscarte un lindo coche tío.

—¿Estáis de broma? ¿lo has dicho en serio tío? ¿un coche par... es decir, ¿tendré coche? —aun no salía de mi cara de asombro, no esperaba semejante sorpresa para ese día. Ahora entendía de dónde provenía la nave que conducía Káel.

La noticia me había tomado por sorpresa, sentía el corazón galopando de felicidad. El día anterior con la entrega de mi uniforme y ahora esto...

Siempre había anhelado un deportivo con ciertas características un poco especiales... pero nunca lo pude hacer realidad debido a que siempre estaba en medio de alguna operación en países lejanos a mi hermosa España, y ahora, estaba ahí, para escoger el coche que siempre anhelé, así, sin más, me llegaba como caído del cielo, después de todo, el universo no era tan cruel como pensaba, las vibraciones de mi pensamiento se empezaban a alinear con la realidad, con mí realidad.

Entendí que cuando Dios te pone en medio de situaciones difíciles solo te está probando, y te restituirá el doble por cada situación injusta. El coche de mis sueños era solo una pequeña muestra de ello, así lo vi y así lo sigo viendo hoy día.

—Que sí tío, deja tanto show, lo haces parecer como si te hubiera revelado la novena maravilla del mundo. —decía Káel mientras se divertía al ver mis expresiones de asombro.

—¡La ostia! pues para mí sí que lo es tío, no tenía ni puñetera idea de que algo así existiera, ni mucho menos del estilito de vida tan guay de los agentes de inteligencia, todo este rollo empieza a pintar de la ostia tío, flipé…

—Date prisa colega, no quiero pasar aquí toda la mañana. Os cobrare un chupito de vermut con gas por cada cinco minutos que me hagas esperar, y os aviso que ya vas haciendo méritos para la botella completa.

—¡Joder dame tiempo tío! aun no me entra que esto sea cierto…

—Os doy un coñazo en la cabeza para que lo asimiles mejor?

—Vale, vale, no te quieras pasar de listo eh gilipollas. La cara de diversión de mi colega era el reflejo de lo cómico que me debí haber visto mirando los coches y no saber cuál elegir, me sentía inmerso en uno de mis mejores sueños, algo difícil de creer…

—Estaré en la entrada por si algo extraordinario os acontece señorita. —concluyó Káel mientras se carcajeaba y caminaba en dirección a la entrada de la bodega.

—¡Que te den!, ahora si no te importa tengo una decisión muy importante que tomar.

Empecé a caminar por entre las líneas de coches observando detalles, decidiendo colores, cilindraje, marca, en definitiva era una decisión bastante compleja, me sentía como un chaval dentro de una juguetería, emocionado por tanta magnificencia… Después de una larga y compleja hora ya había logrado tomar una decisión. Regresé con Káel para comunicárselo.

—Al parecer ya encontré el coche que me va bien tío. —empecé diciendo mientras caminaba en dirección a mi colega.

—No hace falta que lo digas colega, me he dado cuenta de cómo casi se te cae la baba mientras veías ese Challenger, iré a por las llaves y toda la documentación.

El muy gilipollas tenía razón, me decidí por un hermoso Dodge Challenger del año, en un color rojo vibrante, vidrios obscuros, rines negros cromados, y lo mejor era ese hermoso y sexy motor de 6.2 litros, todo una bestia, más de lo que pude haber soñado…

Salimos del concesionario rumbo a las instalaciones de Aura, yo conducía mi nuevo y super guay Challenger. Una espléndida sonrisa de oreja a oreja se dibujó en mi rostro durante todo el recorrido. Aparcamos y nos dirigimos al área de entrenamiento número 23, en dónde días antes había estado recibiendo entrenamiento como enfermero de combate. En Aura tenían un dicho bastante común, "lo único que un agente no es capaz de hacer, es aquello que no se ha inventado aún" y vaya que si tenía mucho de cierto.

—Káel, Dijiste que hoy no tendría entrenamiento, no entiendo que hacemos aquí entonces. —comencé reclamando a mi colega.

—Ya deja de quejarte tío, que solo hemos venido de pasada, olvidé un par de cosas ayer cuando salimos. De aquí iremos a por los chupitos de vermut con gas, conste que os advertí esta mañana sobre la tardanza eh, y según mis cálculos fue una hora con quince minutos lo que tuve que esperar, así que eso debe ser suficiente para dos botellas colega. —Decía el muy gilipollas en medio de carcajadas.

Káel introdujo la mano en su inmaculado traje y extrajo una curiosa pluma de punta dorada, apostilló algo en su libreta para posterior arrancar la hoja de papel y entregármela.

–Toma colega, te espero en esa dirección a las 18:00 horas, sin retrasos eh, o te apuntas de inmediato por otra botella.

Era el primer día libre que tenía desde mi llegada a Aura, así que no hallaba que hacer en la casa, de acuerdo a las recomendaciones del general no debería salir durante el día para mitigar riesgos y evitar exponerme a ser reconocido, mi caso aún era muy reciente y debía mitigar riegos de ser descubierto. El paso del tiempo parecía ir a un ritmo bastante lento, miré al reloj y apenas marcaba las once de la mañana, o tal vez sería lo mucho que me había habituado a la rutina diaria en Aura, ese era mi primer día libre y no tenía ni la más remota idea de cómo ocuparlo mientras se llegaba la hora del encuentro con mi colega Káel.

Decidí ocupar mi mente y me puse a limpiar un poco el polvo de la casa, recorrí una habitación tras otra sacudiendo aquí y allá luego allá y así en cada rincón de la acogedora morada. Siempre me había llamado mucho la atención el hecho de que no había ni un solo retrato familiar en la casa, ni el más mínimo, ningún indicio del rostro de Barclay o sus familiares. A veces en el divagar de mi mente y por los detalles que había visto en la casa me la imaginaba como una mujer elegante y algo misteriosa, esto último me venía a la mente por la delicadeza en que conservaba su hermosísimo sembrado de tulipanes (algo que sin duda no se suele ver muy a diario), los curiosos y bien cuidados bonsáis, el refinado y selecto jardín de la entrada principal, los diminutos pececillos en vibrantes colores y por supuesto, la intrigante galería de pinturas que adornaban las paredes, en especial la de la hipnótica mujer en el desierto. Quizá fuese alta y esbelta, o bajita, tal vez piel morena y ojos negros, o una rubia de ojos azules, nada sabía al respecto, y tampoco se lo había preguntado antes a mi colega instructor. Aunque sabía bien que durante todo ese tiempo mi mente solo se distraía en ocasiones para pensar en una sola mujer, a quien anhelaba con inexplicables ansias volver a ver… "Lauren"

Puse algo de música en una vieja casetera que había en la sala principal, y a ritmo de baladas de los 70´s continué con mis labores de limpieza. Había algo en esa casa que me hacía sentir en armonía absoluta, una sensación de paz inalterable, podía sentir una indescifrable sensación que me hacía conectar emocionalmente con el lugar, no recordaba que algo así me hubiese sucedido antes...

Durante el día hubo un pensamiento que se colaba con plena libertad en mi mente y me acompañó toda la tarde al igual que en días anteriores "Lauren". Me preguntaba en dónde estaría mi señorita de mármol en esos momentos, o si se habría olvidado de mí, quizá hubiese pensado que fui yo el que me olvidé de ella por no haberle llamado, solo me restaba un mes para terminar con el entrenamiento y así poder tener en mis manos nuevamente mi antiguo teléfono móvil y poder contactarla. Un mes que sin duda se me haría eterno... Quizá para ese entonces ya fuese demasiado tarde y Lauren ya estuviese conociendo a alguien más... Solo me quedaba el beneficio de la duda y, desde lo más profundo de mi ser, rogaba para que no fuese así, pues de manera indescifrable, anhelaba con gran fervor volver a ver la enigmática mujer que me produjo ese misterioso tsunami emocional en tan poco tiempo.

Eran las 17:00 horas, me di una ducha rápida y busqué en el ropero algo que ponerme, me decidí por unos vaqueros negros y una gabardina de piel, Me vi al espejo y aprecié como había cambiado mi aspecto desde el día que salí de Lepanto, mi cabello ahora era más largo de lo habitual, aun lo conservaba algo corto, solo que ya no quedaban rastros del típico corte de cabello militar. Los últimos dos meses había optado por dejarme crecer la barba, aunque estilizada y bien cuidada, pero a fin de cuentas me la había dejado crecer, algo que en mi vida militar nunca hubiese podido hacer, debido al reglamento de presentación personal, donde se estipulaba la estricta prohibición del bello facial.

Mi nueva imagen me agradaba, no tenía mucha similitud con el "terrorista encubierto de militar" del que habían estado hablando los medios y, eso me favorecía para pasar desapercibido. Tomé las llaves de mi nuevo coche y salí rumbo a la dirección escrita en la hoja de papel que me había dado mi colega.

"La casualidad nos da casi siempre lo que nunca se nos hubiere ocurrido pedir" **Alphonse de Lamartine**

Faltaban cinco minutos para las 18:00 horas, aparqué mi coche detrás de la calle principal, en un área poco transitada, caminé dos cuadras en sentido norte y divisé el lugar que indicaba la dirección, se trataba de un llamativo bar llamado "Old Fashioned –Gin Tonic & Coctail Bar", por el puro nombre ya se tornaba prometedor.

Ingresé al lugar y vi a Káel que ya me esperaba sentado en una mesa para dos, levanto la mano en un ademán de saludo acompañado de una enorme sonrisa de oreja a oreja. Me dirigí hasta donde estaba mi colega.

–Antes que digas nada os aviso que Carbel te ha concedido el día de mañana libre, así que las dos botellas que me debes se pueden convertir en tres o cuatro. –comentó Káel guiñándome un ojo mientras yo caminaba hacia la mesa, no pude contener la risa y exploté en bulliciosas carcajadas.

–Gilipollas alcohólico, te lo has currado ante Carbel con tal de beber como loco, eh cabronazo. –dije mientras me sentaba y le daba un puño en el hombro al truhan de mi amigo en forma de saludo.

–Solo le sugerí la idea de que estaría bien que descansaras mañana para que inicies el lunes con energías renovadas tu último mes de entrenamiento, y ¿qué crees que sucedió?

—No hace falta que lo digas, de lo contrario no estarías proponiéndome bebernos tres o cuatro botellas.

Estallamos en una sonora risotada, ese gilipollas me hacía recordar de los buenos tiempos cuando salía a beber con mi compinche Derek, del que por cierto hacía tres meses que no sabía nada.

Una camarera se acercó y nos entregó dos menús de bebidas. No hizo falta ojear los menús, ya sabíamos lo que beberíamos esa noche.

—Yo ordenaré tío. —Se adelantó a decir Káel.

—Bien, verá señorita, para empezar queremos dos botellas de vermut rojo en hielo y dos vasos cortos, una jarra con cubitos de hielo y cascaras de naranja, cuatro chupitos de su mejor whiskey y de entrada un pulpo a la gallega, ¡ah! y también tajadas extras de limón por favor. —Dijo mi colega a la camarera quien muy atenta había escrito la orden en una diminuta libreta para posterior marcharse hacia la barra a por nuestra orden.

—Vaya, pues parece que te la vives por las barras de esta ciudad tío, ya decía yo que eras un alcohólico. —

Nos unimos en una estrepitosa carcajada. Mientras la camarera salía a por nuestra orden, indagué a mi camarada sobre la verdad de Cómo le había hecho para que Carbel me diese el día libre.

—Ahora sí gilipollas, ¿decidme la verdad de cómo te lo has currado para convencer a Carbel sobre mi día libre? porque eso que me has contado, o bien es mentira o, es una verdad a medias, pero no me cabe que haya sido solo eso, así que habla tío, escúpelo todo.

—Bueno, no creas que ha sido sencillo eh, pero le he logrado convencer hablándole sobre la llegada de Barclay mañana, le he dicho que estaría bien que te diese el día para que socialices un poco con ella y de paso le ayudéis a instalarse, ya sabes cómo son las chicas, viajan con cientos de maletas. Y así ha sido como le he convencido, aunque si se entera de que todo fue un plan para venirnos de borrachos nos colgará a ambos de las bolas y nos dejará así por un año entero.

La risotada no se hizo esperar.

—No sabía nada de la llegada de Barclay tío, se te había pasado ese detalle gilipollas, espero y llegue lo más tarde posible, porque de lo contrario me hallará agonizando en una monstruosa resaca.

Las risotadas al unisono retumbaban por cada rincón del recinto, hacía mucho que yo no socializaba de esa manera, me hacía falta pasármela bien, y gracias al rufián de mi amigo, había tenido esa oportunidad de volver a divertirme como en los viejos y buenos tiempos.

Habían transcurrido más de tres horas y el efecto de los chupitos de vermut y los de whiskey ya hacían su papelón de la noche. Habíamos estado hablando de todo un poco, le conté a Káel con lujo de detalles la manera en como había logrado escapar de Lepanto, la forma milagrosa en cómo me libré de ser alcanzado por las balas tras el viejo Renault que me hizo de ángel de la guarda, incluso le narré cuando sentí haberme perdido en las alcantarillas.

—Me siento afortunado de escuchar esta versión de los hechos tío, parece que lo hubieses sacado de una película, si no es porque los noticieros han dicho cosas similares, yo no te creería semejante historia tan descabellada, aunque debo serte honesto, me gusta más tu versión, la versión de los noticieros habla de zac como si fuese un angelito, y una mierda, ese gilipollas te aseguro que se ha de guardar un numerote bien grande.

–¡Eh! ¿de donde has sacado eso de "zac"? –inquirí con cierta malicia a mi colega.

–Me lo ha contado Derek –respondió Káel mientras se bajaba un chupito de whiskey.

–¿Derek? Así que te hablas con Derek y no me lo habíais contado eh.

–Por cierto te envía saludos, dice que es confirmado, vas a ser tío. –Añadió Káel perfilando una media sonrisa que se desvanecía por el efecto ya pronunciado del alcohol.

La noticia sobre Derek me terminó de alegrar la noche de una forma espléndida, siempre lo había considerado un hermano para mí, gracias a él yo estaba en Aura a punto de culminar mi entrenamiento como agente de campo, sin Derek nada de mi nueva vida hubiese sido posible, en esos momentos en vez de estar disfrutando de unos chupitos podría estar en una obscura celda, o peor aún, en la tumba de un cementerio.

<<El muy gilipollas va a ser papá. Que bien guardado se lo tenía>> Me decía a mí mismo en mis pensamientos mientras asimilaba las buenas nuevas, realmente me llenaba de satisfacción por mi colega, aunque deseaba con todas mis fuerzas poder estar con él y celebrarlo en grande.

Ya era pasada la media noche, el rostro de Káel reflejaba los estragos que el alcohol produce en nuestros cuerpos, sus gestos aletargados y sus frases sin terminar me caían en gracia, por fortuna para mí, solo había probado un par de chupitos de vermut, y uno solo de whiskey, por el contrario mi colega casi se termina las tres botellas.

Decidí que ya era hora de marcharnos, pues de quedarnos tendría que pedir una ambulancia para que recogiesen a mi colega, estaba tan ebrio que ni mantener el peso de sus párpados podía, todo un espectáculo cómico para mí, tendría el resto de la semana para reírme a cuenta de Káel. Me dirigí a la barra y pedí la cuenta al bar tender, pagué el total y justo cuando me disponía a darme vuelta para ir a por mi amigo, divisé un anuncio pegado a un costado de la barra, el anuncio ponía "Feria del perfume, gran exposición de marcas nacionales e internacionales. Para todos los gustos..." el evento anunciado sería el próximo sábado a partir del mediodía. Como acto instintivo cerré mis ojos por un segundo y visualicé el momento en el aeropuerto de jerez, cuando Lauren mencionó dicho evento, y lo entusiasmada que estaba por asistir. Quizá esta era una señal del universo, era mi oportunidad de encontrarme con mi señorita de mármol, con mi Lauren…

Sentí mi corazón extasiarse del júbilo por la noticia recién descubierta, sin duda era mi única oportunidad de volver a ver la mujer que se robaba mis pensamientos tan a menudo durante los últimos tres meses y, fue justo en ese momento en que empecé a considerar el hecho de haberme enamorado perdidamente de Lauren. Durante todo ese tiempo, aún sin verla, sin escucharla, sentía amarla. Era un amor en silencio, un amor tortuoso, amor que con el paso de los días se introducía más y más en mi mente, no lograba hallar siquiera un solo motivo justificable del por qué sentía tanta necesidad de verla, acariciarla, retener aunque fuese por una fracción de segundo, esa mirada que penetraba hasta lo más profundo de mi alma, haciéndome sentir desnudo y vulnerable ante su presencia. La necesitaba como las aves al viento y, es que pensar en ella me hacía sentir poder volar por los cielos y tocar las estrellas…

Me hacía un nudo en la garganta la idea de no ser correspondido, después de todo ya habían pasado tres meses y yo nunca le llamé como lo había prometido.

Me estremecía pensar que ya hubiese alguien más en su vida, era un miedo que calaba hasta los huesos, por eso debía hallarla cuanto antes y explicarle los motivos de mi ausencia, así se solucionaría el mal entendido, solo confiaba en que no fuera demasiado tarde para ese entonces. El evento de los perfumes era mi única oportunidad de hacerlo, así que debería ingeniármelas para conseguir un permiso por parte de Carbel y poder asistir a dicho evento. Terminé de divagar en mis pensamientos y me fui a por mi colega.

Tomé el brazo de mi amigo, lo pasé por detrás de mi cuello, lo levanté con gran esfuerzo hasta conseguir sacarlo del bar, llegamos al coche y lo acomodé en el asiento trasero.

En el recorrido a casa no dejaba de pensar en el posible encuentro con Lauren, mi corazón se aceleraba a un ritmo estrepitoso mientras mi mente fantaseaba recreando posibles imágenes futuras de cómo sería dicho encuentro… nunca me había sentido tan bien al soñar despierto con el futuro, pero, si en ese futuro se incluía a Lauren entonces todo era diferente, así como ella: una mujer diferente, un ser humano diferente, una persona con la capacidad de transmitir energía y vibras positivas con su sonrisa…

Llegamos a la casa y acomodé a Káel en la habitación contigua a la mía; una vez cerciorado que mi colega roncaba como los dioses, me dispuse a descansar yo también. Cerré la puerta de mi habitación y empecé a maquinar la forma en cómo me las arreglaría para conseguir autorización por parte de Carbel para asistir al evento. Pasaban los minutos y nada me venía en mente, mis parpados se empezaron a hacer más pesados y no conseguía pensar con claridad.

De repente todo se veía en matices grises con poca claridad, podía escuchar los suaves susurros del viento, abrí lentamente los ojos y empecé a examinar mi entorno, definitivamente no era mi habitación, me hallaba en un lugar muy distinto, lo que me llevó a sospechar que se trataba de un sueño. Más sin embargo era un sueño en el que estaba muy consciente de todo cuanto acontecía a mi alrededor.

Me sentía algo indeciso sobre qué hacer, así que decidí echar un vistazo al misterioso lugar.

Por motivos desconocidos para mí, ese sueño me había llevado a un rarísimo desierto, la cálida brisa levantaba pequeños torbellinos de arena que se desvanecían con la misma rapidez con que habían aparecido. No había señales de vida alguna, las dunas de arena no eran tan pronunciadas, podía ver por encima de la mayoría de ellas.

Decidí iniciar una caminata por el lugar, la arena se colaba por entre los dedos de mis pies descalzos, provocándome una placentera sensación al caminar. Un leve susurro llego con el viento, en su contenido ponía mi nombre.

—Neythan —volví a escuchar el cálido susurro que se colaba entre las brisas desérticas, aunque esta vez con mayor claridad.

Miré en todas direcciones, en búsqueda del dueño de esa voz que me resultaba de forma inexplicable; tan familiar, pero para mi desconcierto no había nadie más que yo en medio de un inerte desierto.

Me sentí intrigado por la procedencia de esa voz. Me adentré un poco más en las dunas, un viento fuerte me hizo perder el equilibrio, caí de espaldas sobre la arena, me intenté levantar pero de forma inexplicable no conseguía mover un solo musculo de mi cuerpo, se empezó a tornar en una sensación aterradora, hice un esfuerzo gigantesco por conservar la calma y no caer en desesperación.

Noté un leve movimiento en la arena a mi alrededor, miré de soslayo a mi izquierda y me sorprendió lo que vi; Se trataba de la víbora color naranja metálico de ese sueño misterioso que había tenido varios días atrás, esta vez le vi saliendo de entre la arena, se acercó a pocos centímetros de mi cara y se quedó viéndome sin hacer ruido o movimiento alguno, ese par de ojos negros y el destello del llamativo color que recubría su piel se tornaban amenazadores. Una leve corriente de viento levantó un pequeño torbellino a pocos metros de la escena y, trajo consigo por tercera vez el susurro, esta vez pude identificar la voz con claridad.

—¿Llorente, eres tú? —masculle entre dientes, pero no recibí contestación.

Mi difunto hermano, el sargento primero Llorente fue en vida la persona más cercana que yo había tenido, fue dado de baja cuando nos encontrábamos en medio de una misión al sur de Somalia. Un numeroso grupo de insurgentes nos emboscó cuando nos movilizábamos hacía un pequeño pueblo a solo diez kilómetros de nuestra base, el pueblo había sido hostigado y recibimos instrucciones por parte del comando central de proceder y restAurar el orden en el área, desafortunadamente nunca pudimos llegar a las coordenadas, en medio del hostigamiento el Sargento Llorente recibió un impacto de bala en el ojo izquierdo, falleció de inmediato. La escena para mi fue desgarradora, sentí como si se hubiera ido la mayor parte de mi propio ser.

El sargento Llorente era mi hermano mayor y también mi mejor amigo en una familia de dos hijos.

De niños pasábamos horas jugando a ser soldados, aunque en aquél entonces nuestros fusiles eran las escobas de mamá. También era bastante común que cuando mamá y papá no estaban, hiciéramos experimentos culinarios con la paste de dientes o la crema de afeitar de papá, sí, esa clase de hermanos éramos.

El tiempo se esfumó tan rápido, que aquellas épocas de antaño cuando mi hermano mayor me cubría las espaldas para que papá no se enterara de mis malas calificaciones, o, cuando me hacía de cupido con la chica que me hacía poner de colores, eran ahora solo parte de un distante recuerdo revestido con el hiriente ímpetu de la melancolía, causada por la partida de Llorente.

En repetidas ocasiones nos echábamos en cara escenas bochornosas de nuestra infancia, nos causaba mucha gracia cuando las recordábamos y terminábamos uniéndonos en estruendosas carcajadas.

Pasamos de niños a hombres y, fue entonces cuando un día a mi hermano mayor se le ocurrió la idea de enlistarse en el ejército, a sus dieciocho años partió un lunes a las seis de la mañana para hacer parte del sexto contingente del batallón de infantería número siete de nuestra ciudad, aún recuerdo como si fuese ayer ese día. A mis 14 años de edad lloré por primera vez con tal sentimiento por ver a mi hermano partir, que sentía que mi corazón se desvanecía por tanto sufrimiento, ese día en casa todos nos sentíamos oprimidos por la tristeza, un silencio desgarrador habitaba la casa tras la partida de mi hermano, yo no salí de mi habitación en todo el día, fue tal el llanto que después de un par de horas ya estaba exhausto y terminé cediendo a los caprichos de Morfeo.

Pasaron tres meses hasta que recibimos noticias de mi hermano, Había hecho el juramento a la bandera y ahora era un soldado del ejército de tierra, había un par de fotografías de mi hermano con su nuevo uniforme, se le veía sonriendo mientras sostenía su nuevo fusil. Fue a partir de ese momento que mi tristeza se convirtió en orgullo, me sentía orgulloso por mi hermano, no podía creerlo, tenía un hermano en el ejército, como en las películas que él y yo solíamos ver, ese era motivo para regocijarme de felicidad por Llorente, desde ese día me juré a mí mismo que cuando cumpliera dieciocho me enlistaría en el ejército, justo como había hecho mi hermano.

Pasaron los años y mi fecha se llegó, al día siguiente de mi cumpleaños número dieciocho me enlisté en el séptimo batallón de infantería, para ese entonces mi hermano había sido ascendido al grado de cabo segundo. Siempre me sentí orgulloso de mi hermano mayor, y aún hoy día me sigo sintiendo igual.

Siempre le consideré más que un hermano, Llorente era mi consejero, mi mejor amigo, confidente, nuestro vínculo era muy fuerte, solíamos decir que quizá en una vida pasada habíamos sido gemelos, porque teníamos una forma algo extraña de acertar siempre con los pensamientos del otro. Pero ese día en Somalia, el sargento Llorente partió, dejándome una profunda herida, una herida difícil de sanar.

El ejército me había dado un estilo de vida, amplió en mucho mi percepción del mundo, aprendí a valorar las cosas pequeñas, pero también me arrancó gran parte de mi ser con la partida de mi hermano, yo ingresé al ejército siguiendo sus pasos, y por el ejército, lo perdí a él.

–¡Ney! –volví a escuchar la voz, aunque esta vez fue con tanta intensidad que retumbó en mis oídos. Desde lo más profundo de mí ser, algo me decía que se trataba de mi hermano, su voz era inconfundible para mí, un sexto sentido en mi interior me lo decía, Llorente estaba intentando contactarme, de eso no me quedaba la menor de las dudas.

–Hermano, si de verdad eres tú, entonces háblame. –dije en tono de voz tembloroso, rogando mentalmente por que se concediera mi petición.

—¡Levántate Ney! El tiempo apremia. —después de recibir esa contestación no me quedó ninguna duda, era mi hermano y, aunque no podía verlo, su voz, era la misma voz cálida y grata con la que siempre me había hablado en vida.

—Más adelante Ney, sigue caminando, el tiempo apremia.

De inmediato acaté las indicaciones de mi hermano, miré hacia mi derecha, para mi sorpresa la víbora había desaparecido, intenté ponerme de pie y lo conseguí con gran facilidad, todo parecía volver a la normalidad con mi cuerpo, mis músculos cedían al deseo de movimiento sin oponer la más mínima resistencia.

Guiado ahora por la voz de mi hermano, inicié nuevamente la marcha, sin saber hacia dónde o porqué, solo sabía que mi hermano me lo había pedido y ese era motivo suficiente para mí, no había tiempo para cuestionar nada.

Caminé por entre las dunas hasta quedar de frente con una enorme, su tamaño era formidable, sin pensármelo dos veces empecé a subirla, cuando llegué a la cima me detuve un segundo, haciendo un gran esfuerzo por asimilar la imagen que tenía ante mis ojos.

Ahí estaba él, justo al otro lado de la duna, sentado sobre una especie de alfombra diminuta, con los pies cruzados. Vestía una túnica tan blanca que parecía emitir su propia luz, llevaba los pies descalzos y un turbante gris envuelto en el cuello. Mantenía los ojos cerrados mientras dibujaba una ligera sonrisa en su rostro, parecía estar meditando.

No pude contener el sentimiento y mis ojos terminaron empañándose en lágrimas, pues pensaba que nunca volvería a ver a mi hermano, y ahora lo tenía ahí justo en frente de mis ojos.

Empecé a correr desde la cima de la duna hasta donde estaba mi hermano, quería abrazarlo y decirle lo mucho que lo había echado de menos, Quería pedirle perdón por no haber cubierto mejor su flanco en ese hostigamiento en Somalia, siempre me culpé por la muerte de mi hermano y, se había convertido en un gran remordimiento hacia mí mismo.

Corría con todas mis fuerzas duna abajo, sentía como las lágrimas se desprendían de mis mejillas y danzaban con el viento al compás de mis zancadas, aligeré un poco más la marcha, cuando estaba a solo un par de metros me abalancé sobre mi hermano con ánimos de estrecharlo en ese último abrazo que nunca fue dado...

Desconcierto, confusión, incertidumbre, no sabía por qué pero mi hermano había desaparecido, me invadió una tristeza que calaba en lo más profundo de mi ser, ¿acaso todo había sido un engaño de mi mente? ¿Una ilusión mental?

—¡Es real Ney! —escuché decir a mi hermano. —puedes verme, pero no hay un cuerpo físico al que puedas estrechar. Me di media vuelta y le vi nuevamente, estaba sentado en la misma posición que lo había visto antes, solo que esta vez sus ojos me veían directamente, con una ligera sonrisa dibujando su rostro.

—Ven, toma asiento. —Pronunció Llorente en un tono de voz cálido. Sin dudar un segundo accedí a su petición, sentándome en frente suyo. Quería hacerle un millón de preguntas, más sin embargo no lograba articular palabra alguna, estaba perplejo ante lo que estaba sucediendo.

Empecé a experimentar paz y tranquilidad interior, sentía como si mi cuerpo levitara, de repente mis dudas desaparecieron, la tristeza se había ido, como las diminutas gotas que desaparecen con el viento en el precipicio de una cascada.

–Perdóname hermano. –Empecé diciendo.

–¿El qué? –inquirió Llorente con cara de extrañeza

–Perdóname por no haber cubierto de una mejor manera tu flanco el día en que te dispararon. –una amplia sonrisa se dibujó en el rostro de Llorente y continuó diciendo:

–Aun no podrás entenderlo hermanito, pero se llegará el momento en que lo harás, y en cuanto a lo ocurrido en Somalia; no te responsabilices pensando que lo ocurrido fue tu culpa, porque de hecho no tienes ni la más mínima influencia en lo ocurrido, debía pasar para que la vida siga su curso...

–No te sigo Llorente, ¿a qué te refieres?

–Ney, estoy muy orgulloso de ti, nos veremos nuevamente. –en solo segundos su cuerpo se desvaneció con el viento, como si estuviera echo de cenizas.

Mire a mi derecha y solo vi mi almohada, mi cuerpo estaba bañado en sudor, mi corazón parecía querer salirse de mi pecho, la respiración aún estaba un poco entrecortada. Tras un par de segundos logré retomar la calma y, me quedé inmóvil en la cama, con la mirada perdida en algún lugar del techo de la habitación, pensando en la experiencia ocurrida minutos antes. Llorente me había contactado, pero aún no tenía claro el significado de sus palabras, o el motivo de la inesperada visita.

Los primeros rayos de sol se colaban por la ventana, anunciando el inicio de un nuevo día.

Un ruido proveniente de la sala era la señal de que mi colega ya había dado inicio a su jornada, al parecer los chupitos no le hacían tanto efecto al día después.

¡Capullo despierta!, me iré a por Barclay al aeropuerto, ¿Que te vienes conmigo? –gritaba Káel desde el otro lado de la puerta.

–No tío, yo paso. Siento mi cabeza querer estallar en mil pedazos.

–¿Pero cómo es eso posible colega? Si ni has bebido.

–No es por los chupitos tío, solo que no he conseguido dormir bien, pero mientras vas a por Barclay me daré una ducha y acomodaré mis ánimos, no quiero dar una mala impresión a mi anfitriona.

–Vale, os veo como en dos horas colega. ¡Ah, y por cierto! Ni una sola palabra a Barclay de que hemos estado bebiendo toda la noche eh, si Carbel se entera nos liaremos una bien gorda, así que calladito estas bonito eh capullo.

–¡Ya lárgate gilipollas! –Terminé diciendo aun medio dormido, mientras ponía una almohada sobre mi cabeza y le doblaba los costados intentando cubrir mis oídos, aun así escuche a Káel murmurando algo ininteligible mientras se iba. El ruido producido tras cerrar la puerta fue el indicador de que ya estaba solo en casa.

<<Mmm regresa en dos horas… pues, me dormiré otra media hora>>

Puse el despertador para que iniciara su tortuosa melodía en treinta minutos y caí en los brazos de Morfeo casi que al instante.

Esos treinta minutos me parecieron como si hubieran sido más de cinco horas de sueño plácido y recuperador, sentía mi cuerpo y mente con energías renovadas.

Me levanté de un salto, tomé una toalla y me fui directo a la ducha.

Bajo el chorro de agua tibia, con mis pensamientos divagando sobre el significado del encuentro con mi hermano, no lograba sonsacar una respuesta, así que decidí dejar de darle importancia al tema y enfoqué mis pensamientos en otro asunto que también me tenía un tanto inquieto: "La gran exposición de perfumes" como fuese tenía que asistir a dicho evento, de lo contrario perdería toda esperanza de un posible reencuentro con Lauren. Lauren, Lauren, Lauren… su nombre no dejaba de repetirse en mi mente una y otra vez, me había enamorado sin darme cuenta, enamorado del silencio de su voz, de la imagen de su ausencia, del aroma del recuerdo… Ese primer y único encuentro había sido suficiente para que no pudiera sacarla un solo día de mi mente durante los últimos tres meses, a veces me llegaban al pensamiento imágenes muy vívidas de ella, como si ya la conociese de antes, le atribuía ese efecto a mi mente. Con el paso de los días sentía como ese anhelo de verla se acrecentaba, a tal punto que llegué a pensar estaba perdiendo la cordura, aunque… ¿quién puede sentir y razonar al mismo tiempo? El amor nos envuelve en un manto de locura y felicidad que desafía toda lógica. Y eso era lo que me sucedía cada vez que pensaba en Lauren…

Tendría que buscarme una buena excusa para que Carbel me diera ese permiso…

Terminada la ducha me enfundé en unos vaqueros negros y un jersey gris, salí de la habitación en dirección a la cocina. Prepararía algo de desayuno mientras llegaban Káel y Barclay.

Ese día todo era distinto, me sentía embriagado por una extraña felicidad, mis ánimos estaban por las nubes, parecía sentirme capaz de comerme el mundo de una sola mordida. Le atribuía mi gozoso estado de ánimo al sueño que había tenido con mi hermano, aunque en el fondo sentía que no era ese el verdadero motivo, era como si el universo me hablase a través de mis emociones.

Nunca antes me habían quedado tan deliciosos los guisantes como ese día, el exquisito aroma se esparcía por gran parte de la casa. Me serví la mitad de un plato y casi me termino devorando hasta el recipiente, serví otro plato y salí con el recipiente en la mano para dejarlo en la mesa principal; tendría el desayuno servido para cuando ellos llegaran. Iba atravesando la sala en dirección a la mesa cuando sonó el timbre, fue extraño, nunca había escuchado el timbre sonar, ese no era el estilo de Káel, por lo que sospeché que se trataba de Barclay. Cancelé mi rumbo hacia la mesa y me dirigí a abrir la puerta, aun con el plato de guisantes en la mano.

Puse mi mejor sonrisa y abrí la puerta, al hacerlo, mis ojos se abrieron desmesuradamente por la inesperada sorpresa, el plato acabó cayéndose de mi mano, quebrándose en miles de pedazos que al igual que los guisantes terminaron esparcidos por todo el lugar. Quedé tieso como una estatua, sentía los bellos de mi cuerpo erizarse, mis pulsaciones se aceleraron a ritmo estrepitoso, una sensación de vacío en el estómago se unía al conjunto de emociones incontrolables que dominaban mi cuerpo.

En su rostro también se reflejaba la conmoción. Al igual que yo, ella tampoco conseguía articular una sola palabra, solo balbuceábamos sin saber que hacer o decir.

—Per… Qu… Cuan… —las palabras simplemente se negaban a salir de mi boca, mi corazón galopaba como un fino corcel a toda prisa, su mirada estaba puesta en mis ojos, esa mirada con la que había soñado tantas noches, ese par de ojos color paraíso que me hicieron fantasear con el amor eterno una y mil veces, sentía derretirme ante su presencia, mis rodillas flaqueaban a falta de fuerza, ese dulce par de ojos ambarinos se habían convertido en amos y señores de mis pensamientos, sueños y deseos... Durante los últimos tres meses no había habido un solo día que no pensara en el encanto de su mirar, y, ahora todos esos pensamientos se manifestaban en frente de mis ojos...

Sin duda alguna mi vida se empezaba a tornar en una serie de acontecimientos inesperados que acudían a mí en el momento menos pensado. Nunca fui creyente de los designios del destino o caprichos del universo ni ninguna cosa similar. Quizá este era un indicio para que analizara de manera detenida mis pensamientos, desde una perspectiva más amplia y le diera una oportunidad a todo tipo de posibilidades...

Sin mediar palabra me abalancé sobre ella y la abracé, nuestros cuerpos se fundieron en un inesperado y emotivo abrazo. Ella no decía nada, yo tampoco, simplemente no lograba reunir el valor suficiente para decirle cualquier cosa. Me limité a abrazarla con todas mis fuerzas, sintiendo repentinos temblores recorrer mi cuerpo, parecía que el éxtasis emocional había tomado las riendas de mi ser. Innumerables veces había fantaseado con ese momento, pero... la realidad superaba mi imaginación, y debo admitir que fue escalofriante, sentía un miedo aterrador recorrer cada célula de mi cuerpo, miedo a que su reacción no fuera como yo lo había imaginado en tantas ocasiones. La incertidumbre devoraba mis entrañas, ya no quedaba rastro del tío Casanova que solía ser, esa seguridad arrogante con la que hablaba ante cualquier chica se había esfumado en un pestañear. Simplemente nada de lo que yo solía ser (o lo que yo pensaba que era) funcionaba con Lauren, ante ella todo era un completo tsunami emocional, no conseguía siquiera serenar mis pensamientos...

Me sentí por un momento prisionero de un creciente sentimiento de culpa, culpa por no haberme esforzado lo suficiente en contactarla, culpa por no haber luchado por el sentimiento que se adueñaba de mis días, culpa por no haberle manifestado que ella era la mujer con la que estaba dispuesto a recorrer el largo camino de la vida…

Giré lentamente mi cabeza hasta posicionar mi boca a la altura de su oído, el delicado aroma de su cabellera extasió hasta el más mínimo rincón de mis pulmones, mi alma y todo mi ser, sentía como si el mundo se estremeciera ante mis pies. Ni un solo día había olvidado ese embriagante y sutil aroma, aroma con el que en repetidas ocasiones fantaseaba en llenar mis pulmones cada mañana al despertar…

—Señorita de mármol. —Susurré lentamente en su oído. No recibí contestación alguna, mis temores más profundos se incrementaron por miles…

Pasaron un par de segundos (que a mi parecer habían sido una eternidad), hasta que un hilo de vos se coló de entre sus labios. Con su vos entrecortada y en un tono tan suave que asimilaba las notas de una dulce melodía, empezó diciendo:

—Adelanté mi viaje a Barcelona solo para asistir a la exposición de perfumes, guardaba la esperanza de verte ahí. Cuando vi las noticias sobre ti, supe que se trataba de un complot, te están incriminando. Supe que huiste, por eso mi única esperanza era el evento de perfumes, sé de primera mano que te apasionan tanto como a mí y algo me decía que no te lo perderías por nada del mundo…

Su respuesta me dejó perplejo, no lograba asimilarlo, eso significaba que… sí, eso significaba que ella también había esperado a por mí, eso significaba que ella también había pensado en mí, eso significaba que el sueño de amor que me robó la calma tantas noches, volvía a tener una luz encendida al final del sendero.

La llama no se extinguió, todo lo contrario, el poder abrazador del fuego de este amor furtivo, había consumido hasta el último rincón de nuestros pensamientos. Mis dudas se disiparon, el júbilo se hizo presente en cada célula de mi cuerpo, la luz del día de repente se me hacía más bella de lo habitual, el canto de las aves me hacía sonreír, el viento me acariciaba con el dulce aroma de las flores. En ese preciso instante, empecé a tener noción de la magia del amor...

Sus brazos envolvieron mi espalda, separamos nuestros rostros y nos quedamos viendo a los ojos, sin mediar palabras, bastaba con entender lo mucho que decían nuestras miradas entrelazadas jugando a enamorarse, como lo habrían hecho la primera vez en el aeropuerto de Jerez. Sus ojos se convertían en la guía perfecta a mis sentimientos, parecía poder descifrar el gran secreto que aguardaba ante ese hipnótico par de luceros.

El tiempo parecía haberse detenido para mí en ese instante, es como si hubiésemos conseguido aislar el momento en una realidad diferente. Sin duda alguna me sentía nervioso, como si fuese la primera vez que estuviera al lado de una mujer, y... quizá hubiese mucho de cierto después de todo. Por varios años había salido con innumerables chicas, y que digo chicas, eran mujeres innegablemente bellas, pero... inequívocamente he de confesar que no hubo ninguna que me hubiera hecho sentir por lo menos una décima parte de lo que sentía al estar cerca de Lauren, me sentía torpe junto a ella, como si mi destreza al hablar, la experiencia de relaciones pasadas, mi eleva autoconfianza, incluso ese ego tan peculiar que me caracterizaba, simplemente todo se esfumaba en segundos, fue ahí cuando conocí por primera vez esa versión de mí mismo tan inexperto, tímido, atolondrado y extrañamente torpe.

No existen palabras adecuadas en nuestro limitado idioma terrenal para describir la magnitud de tan bello sentir... Hallarme a mí mismo absorto de esa manera tan especial sí que era novedad en mi vida, haberla conocido a ella lo era mucho más, pero sentirla entre mis brazos después de tantas noches soñando con ese momento, eso era sentir que podía acariciar la cima del cielo.

A veces sentía haber nacido con el don de decir a las personas exactamente lo que querían escuchar, pero, con Lauren nada funcionaba, ni siquiera me salían las palabras, todo eran distinto si de ella se trataba, lo sencillo se tornaba complejo y lo complejo imposible, aunque a fin de cuentas imposible significaba posible desde dentro, ella era la miel y yo la abeja, estaba destinado a no resistirme al encanto de su dulzura.

Hay quienes dicen que los ojos son las puertas del alma, de ser cierto entonces confieso que mis puertas estaban abiertas en ese instante, porque mi alma pedía a gritos irse con ella...

—¡Vaya! Parece ser que vosotros dos ya os conocíais de antes, os dejaré a solas para que se pongan al día par de tortolitos. —decía Káel con cara de sorpresa mientras nos guiñaba un ojo a ambos.

—Lauren dejó escapar una leve risita ante el comentario y apoyó su rostro en mi pecho, mientras apretaba con fuerza sus brazos en mi espalda.

Muchas religiones aseguran que después de la muerte nuestra alma es enviada a un lugar especial donde todo es armonía, paz, felicidad infinita y gozo eterno... en ese momento sentía por primera vez que no era necesario estar muerto para experimentar algo similar, porque mi alma se regocijaba de júbilo como nunca antes. El motivo de mi dicha reposaba entre mis brazos haciéndome sentir dueño del mundo, los latidos de mi órgano vital retumbaban en la proximidad de nuestros cuerpos, era el sonido inequívoco de un amante consagrado a manifestar el más bello regalo de la creación "Amar".

Káel había presenciado la escena mientras bajaba el equipaje de Lauren, por lo que se dio prisa descargando el resto del equipaje y se despidió de ambos, le agradecí en mis pensamientos por ese gesto de camaradería.

—Más adelante, espero escuchar la peculiar historia de cómo es que ya os conocíais capullos. —Decía Káel en medio de risas mientras se subía al coche, encendió el vehículo y salió a toda prisa, como de costumbre.

Sentí a Lauren sollozar mientras tenía su cabeza apoyada en mi pecho, la tomé del mentón y levanté su rostro. Sus mejillas tenían el camino húmedo marcado por las gotas de solución salina que emana nuestra alma ante estados de melancolía o felicidad. Me vio fijamente a los ojos y dijo:

—Algo extraño me sucede contigo, desde ese día en el aeropuerto; no logro sacarte de mi mente, y es algo que no logro comprender con claridad, siento cosas sin saber por qué las siento, en ocasiones tuve la sensación de conocerte de muchísimo tiempo atrás y haberte olvidado, pero ese día en el aeropuerto es como si se hubieras encendido un interruptor de recuerdos en mí y de repente me llegan imágenes tuyas, de tiempos pasados que nunca hemos vivido, hasta podría jurar que incluso he revivido recuerdos de lugares a los que hemos ido, pero… sé qué en realidad nada de eso ha sucedido, simplemente no sé cómo explicarlo, es algo que se escapa a mi entendimiento, pero… A veces las imágenes son tan vivas, los recuerdos tan reales, que terminan confundiéndome, ya ni siquiera sé que es real y que no lo es, siento estar empezando a perder la cordura.

La partida de mi abuela ha dejado una profunda herida en mi alma difícil de sanar, y aún en mi tristeza una fuerza desconocida arrastraba mis pensamientos una y mil veces al mismo lugar ¨a ti¨, pasó tan rápido que no lo vi venir, pero pasó y no puedo evitar sentirlo.

No dije nada, pero su revelación me había tomado por sorpresa, era muy similar a lo que me sucedía a mí. Me limité a mirar ese bello para de ojos que ahora estaban empañados en lágrimas (incluso así se me parecían la cosa más hermosa de este mundo). Lentamente fui acercando mi boca a la suya sin apartar mi mirada de su inmaculado rostro, el contacto de mis labios con los suyos me hizo sentir que el calor del fuego era cosa diminuta comparada con la ardiente explosión de emociones que sentí ante ese delicado roce de mi boca con la suya (Ese era el verdadero poder del amor del que tanto había escuchado hablar en las películas), el mundo desapareció y solo éramos ella y yo, no había tiempo ni espacio, ni pasado ni futuro, solo ese momento de valor incalculable... (Creo que si me pidieran describirlo con palabras, me resultaría más fácil optar por escribir un nuevo diccionario para redefinir el complejísimo significado que tiene para mí la palabra amor)

Los dedos de su mano se cruzaron con los míos y juntos nos quedamos viendo nuestras manos entrelazadas por un par de segundos, como si pudiéramos comunicarnos mentalmente, nos pusimos de acuerdo y entramos a la casa. Habían pedazos del plato roto y guisantes esparcidos por todos lados, Lauren se rió ante lo gracioso que le pareció la escena.

—¿Tan nervioso te he puesto? Por poco y destruyes la casa —dijo en medio de risillas burlonas.

—La verdad es que me esperaba ver una señora de unos sesenta años, obesa y con un par de verrugas en la cara, y... después de todo la realidad no ha sido muy diferente a mis expectativas.

—Eres un grosero Ney, —me arrojó una de las toallas de la cocina en señal de protesta mientras reía a carcajadas por mis comentarios.

Ese día las sonrisas, miradas traviesas y besos inadvertidos iban y venían como el viento. El amor se respiraba en el aire, recuerdo nunca antes haberme sentido tan feliz, tan vivo, tan lleno de motivos para querer alcanzar lo inalcanzable. Estábamos sentados en el sofá, Lauren reposaba su hermoso rostro sobre mi pecho, me hablaba con tal sutileza que sentía mis oídos deleitarse con el tono de su voz.

–Recuerdo el día que nos conocimos, dijiste algo como: "tendría más futuro cambiando pañales para críos que siendo espía" y... mírate hoy aquí. Creo que el destino tiene una forma bastante curiosa de enseñarnos lecciones de vida.

–Nunca se me pasó por la mente que tú fueras la agente Barclay, nadie me lo dijo antes, tampoco vi una sola fotografía tuya en Aura o aquí en tu casa.

–Mi padre prefiere que sea así por motivos de seguridad, de cierta manera le proporciona tranquilidad saber que mi vida reside en el anonimato.

–¿Tu padre? Creí haberte escuchado decir que tu último pariente vivo era tu abuela.

–Así es Ney, Mi abuela era la única sobreviviente de mi familia biológica. Mi padre... mi padre me adoptó cuando asesinaron a mis padres biológicos.

–Espera, espera que no te estoy siguiendo, Creo que sería más fácil si me contaras la historia desde el principio, "tu verdadera historia" –hice especial énfasis en estas últimas palabras dejando en claro que quería conocer la verdad sobre ella (y no es que lo que me hubiera dicho hasta el momento fuese necesariamente mentira, simplemente habían muchas piezas que no sabía dónde encajar).

Tomó una profunda bocanada de aire llenando al máximo sus pulmones para posterior exhalarlo todo con total tranquilidad, como acto seguido empezó a contarme su historia:

—Todo empezó hace muchos años, Carbel y mi padre eran críos aún, siempre fueron los mejores amigos, se conocían de toda la vida, crecieron en el mismo barrio, jugaban en las mismas calles, asistían a la misma escuela, no había nadie que conociera mejor a mi padre que Carbel. Años después mi padre se graduó en la academia de negocios internacionales con méritos por su excelencia académica. Dos años más tarde de su graduación mi padre fundó su primer hotel: un pequeño riad (edificio pequeño de pocas habitaciones y decoración tradicional) en el distrito de Hivernage (Marrakech–Marruecos). A su vez Carbel quien había migrado aquí a España se graduaba ese mismo año de la academia militar como cadete destacado, siempre mantuvieron una fuerte comunicación, Carbel iba a visitar a mi padre con mucha regularidad y mi padre hacía lo mismo con él, solían decir que se consideraban hermanos de nacimiento. Solo un par de años después mi padre se había convertido en un conocido jeque marroquí. Cuando yo tenía apenas 12 años, ya vivíamos en Palmeraie, el barrio más adinerado de Marrakech, mi padre era el dueño de los principales resorts y hoteles de lujo de la ciudad. Su generosidad con las clases menos favorecidas le hizo ganarse el cariño de muchos, pero a su vez comenzó a despertar envidia y recelo en otros, fue en ese entonces cuando mi padre decidió dar un giro a su vida de negocios y empezó a inmiscuirse en el ámbito político, desde ahí empezaron a llegar los problemas a nuestra familia. Para ese entonces Carbel era capitán del ejército.

Mi padre jugaba un papel importante en la campaña de dos partidos políticos, ese fue el motivo que lo condujo al desastre, la tensión por parte de los líderes de ambos partidos los llevó a pensar que mi padre no era más que un agente desestabilizador aliado con los de occidente para derrocar sus ideales, fue entonces cuando a espaldas de mi padre ordenaron el atentado. La intención era acabar con todos los miembros de mi familia, obviamente eso me incluía a mí también. Por designios de Alá yo me encontraba con los hombres de confianza de mi padre asistiendo a mis clases de música en "la medina" (Centro histórico de la ciudad), cuando escuché la estruendosa explosión, las paredes del recinto se sacudieron, luego llegó el agonizante llanto de las sirenas. Los hombres de mi padre que me acompañaban me tomaron del brazo y me metieron de golpe en el vehículo blindado que usaban siempre para movilizar a cualquier miembro de nuestra familia, el jefe de los guardaespaldas me veía y me decía que todo estaría bien, que no me preocupara, pero yo no tenía ni la más mínima idea de lo que estaba pasando ahí afuera. El vehículo inicio la marcha y fue entonces cuando tres hombres fuertemente armados aparecieron en frente de nosotros abriendo fuego, las balas retumbaban en el vidrio de enfrente como queriendo agujerar el blindaje, luego hubo una fuerte explosión, sentí como se levantó la parte trasera del coche haciendo al piloto perder el control, el vehículo salió disparado sin control hacia un barranco de varios metros, recuerdo esa sensación de vacío en mi estómago mientras caíamos por el precipicio...

Me dolían los ojos, la cabeza, tenía heridas por todos lados, sentía mis costillas haberse roto en diferentes lugares. El ruido intermitente proveniente de los aparatos médicos retumbaba en mis oídos, la enfermera que me cuidaba se sobresaltó y empezó a decir en voz alta: ¡está reaccionando, llamen al capitán! y en contados segundos ahí estaba él, era Carbel, su rostro dibujaba una creciente preocupación, se acercó a mí y me analizó detenidamente de pies a cabeza, después de pensarse lo que diría empezó a hablarme en tono muy condescendiente:

—Hola pequeña durmiente, ¿Cómo te sientes?

—Quiero ver a mi padre, ¿Dónde está mi padre? ¿Por qué no está mi padre aquí?

—Talisha, tu padre no puede venir, se encuentra en un lugar lejano, pero me ha pedido que venga a cuidar de ti.

—¡Intentaron asesinarnos Carbel!, varios hombres dispararon y nuestro coche calló por un precipicio, ¿por qué han querido asesinarnos?

—Aún no lo sé pequeña, pero te prometo que lo averiguaré, por lo pronto te vendrás a vivir conmigo a España, tu padre así lo ha pedido y así se hará.

—¿España? Pero… yo no me quiero ir a España, me gusta aquí, no me lleves a España Carbel, por favor.

—Talisha, te gustará España, además es por tu bien, no queremos que esos tipos malos vuelvan a hacerte daño.

Mientras atendían mis heridas en el hospital militar escuché varias veces al personal médico susurrarse cosas sobre mí, me daba la impresión de que todos sabían algo que yo desconocía, fue por eso que cuando volvió a entrar Carbel no me contuve la curiosidad y le pregunté qué era lo que sucedía, porqué todos hablaban en susurros como queriéndome esconder algún tipo de verdad. Fue en ese mismo momento en que supe lo que había sucedido, Carbel lo soltó todo, con admirable sutileza me hizo comprender la magnitud de la situación, y como si fuera poco empecé a escuchar la noticia por una radio vieja que sonaba a pocos metros de mi cama, aunque ellos no se tomaron la molestia de hablar con sutilezas como lo habría hecho Carbel.

—¡Apaguen esa maldita radio! —gritó Carbel sin alterar su posición, de inmediato un enfermero de turno apagó el aparato, Aunque ya había escuchado más de lo que hubiera deseado.

Mis ojos se empañaron en lágrimas y empecé a llorar, un llanto suprimido debido a que tres de mis costillas estaban rotas, y, el dolor producido por llorar era agonizante. Fue el día más doloroso y triste de mi vida, aunque el dolor físico no se comparaba al dolor en mi alma, era una niña a quien le habían arrebatado con suma crueldad lo más amado en la vida...

Me habían llevado a un hospital militar por motivos de seguridad, pues de haberme atendido las heridas en un hospital civil hubiera sido fácil para mis verdugos terminar su trabajo.

Estuve en el hospital militar por un mes y cinco días, Carbel me visitaba todos los días tres veces al día, algunas noches se quedaba a dormir en un viejo sillón ubicado al lado de mi cama, una de esas veces que se quedó a dormir en el sillón empezamos a hablar sobre lo ocurrido, Carbel siempre era muy precavido y procuraba explicarme los hechos con la mayor prudencia posible.

—Talisha, el día de la explosión logré ver a tu padre en sus últimos minutos de vida, estando en su lecho de muerte me pidió prometerle que te cuidaría y te llevaría a vivir conmigo. Tú conoces del gran afecto que tu padre y yo siempre nos tuvimos, así que no dudé un segundo en prometerle que te cuidaría y me haría cargo de ti como si fueras mi hija. Por eso desde el primer día que llegaste a este hospital he iniciado un proceso de adopción para llevarte legalmente conmigo a España. Mis abogados están ultimando detalles, en dos días tendré toda la documentación en mis manos. Viajaremos a España desde un aeropuerto militar, no te expondré en lo más mínimo, nadie sabrá que te has venido a vivir conmigo, y si lo hacen me aseguraré de que nunca te encuentren.

A la semana siguiente estábamos despegando desde el aeropuerto militar de Ben Guerir, con destino Madrid–España, para posterior viajar por tierra hasta Barcelona.

Como había sido una niña acostumbrada a una vida de lujos y comodidades inimaginables, el haberme subido por primera vez en un avión que no fuera el jet de mi padre, se me hacía la cosa más extraña e incómoda del mundo, los asientos eran de metal y ni siquiera tenían almohadilla, no habían señoritas preguntándome que me apetecía comer o si la temperatura estaba bien, era como si en vez de haberme subido a un avión me hubieran metido dentro de una caja metálica ruidosa y muy fría. Mi consuelo era que Carbel estaba a mi lado y sabía bien que me cuidaría como le había prometido a mi padre.

Los primeros dos años fueron los más difíciles para mí, no había un solo día que no llorara hasta quedarme sin alientos, extrañaba mi familia, mi ciudad, mis amigos, mis maestros de música, las salidas de los domingos con mi nana...

Carbel me había inscrito a un programa de estudios privados, es como si en vez de yo ir a la escuela, la escuela viniera a mí; recibía las clases en mi nueva casa. De lunes a viernes durante el día parecía haber un desfile de maestros entrando y saliendo con su paso siempre apresurado.

Y así terminé mis estudios de secundaria; confinada en la soledad de mi casa.

Cuando Cumplí los 16, Carbel me inscribió en el programa especial K–19 de Aura, era un programa experimental en el que reclutaban adolescentes para convertirlos en futuros agentes de campo. Ese mismo año Carbel fue ascendido al grado de "Mayor".

Los siguientes cuatro años los pasé en el antiguo centro de instrucción y entrenamiento ultra secreto de Aura, allí hice un par de amistades nuevas, pero después de haber pasado tanto tiempo confinada en soledad no se me daba muy bien socializar con otros, me había acostumbrado a estar aislada de los demás. Carbel me visitaba todos los fines de semana, me llevaba pastel de chocolate y flores, muchas flores, en especial tulipanes, han sido mis flores favoritas desde que era muy niña, en especial los de color rojo, mi difunto padre tenía un enorme jardín de ellos en nuestra casa.

Terminó el programa K–19 y salí graduada como agente de Campo, el rango más alto en nuestra carrera de inteligencia militar, desde entonces he estado en participación activa en diferentes tipos de misiones alrededor del mundo, he visitado muchos lugares, más sin embargo hay uno en especial al que tengo prohibido ir "Marruecos" mi cabeza tiene un precio muy alto allá.

Me quedé por un momento en completo silencio discerniendo sobre la información que acababa de recibir por parte de Lauren, sentía mi estómago encogerse y un nudo hacerse en mi garganta por la tristeza que sentía tras el relato de Talisha, es decir, Lauren.

La vida no la había tratado con delicadeza precisamente, todo lo contrario, su vida había tomado el sendero hacia el infierno en la tierra. En ese momento me juré para mis adentros protegerla hasta con mi propia vida de ser necesario.

La tomé del mentón y levanté ligeramente su rostro que hasta entonces había permanecido apoyado sobre mi pecho, deslice suavemente mis labios sobre los suyos y nos fundimos en un profundo y delicado beso. La amaba, de verdad la amaba, como ama el mar a las olas, las aves al viento, los peces al agua, un amor incondicional, perpetuado en vidas de antaño.

–Nunca me hubiera imaginado que a una persona como tú le hubieran podido ocurrir cosas tan crueles en el pasado. –añadí mientras deslizaba mis dedos suavemente acariciando sus mejillas.

–Es bastante usual que a las personas buenas nos sucedan cosas malas, como lo que te ha sucedido a ti en Lepanto.

—Tienes razón, pero no es eso precisamente lo que me preocupa en estos momentos. —Concluí mientras seguía acariciando su mejilla.

—¿Ah, no? ¿Entonces qué es lo que te preocupa? —inquirió Lauren con notable curiosidad.

—Me preocupas tú, es decir nosotros esss… —nuevamente me había puesto nervioso sin previo aviso, no lograba acomodar mis ideas al hablar.

A ella le pareció la cosa más graciosa el verme algo turbado y decidió sacarle partida a la situación, lentamente levantó su rostro de mi pecho y se quedó viéndome directo a los ojos, no pudo contener la seriedad por más de unos pocos segundos y dejó escapar una risilla mientras me seguía viendo.

—Creo que lo que el señor de la mortadela quiere decirme es algo muy importante, pero parece que los ratones le han comido la lengua o se ha olvidado de las palabras adecuadas, o… a lo mejor es que lo estoy poniendo un poco nervioso y por eso balbucea al hablar ¿no es así? —concluyó sus palabras en medio de risillas mientras me guiñaba un ojo con ápice de tonteo. Ella disfrutaba de la situación mientras mi cara cambiaba de colores, me sentía morir de nervios al no hallar como expresarle lo que quería decir…

Tomé una enorme bocanada de aire, quizá la más grande que hubiera tomado antes, me armé de valor y dejé que fluyeran las palabras al ritmo de mi sentir.

—Verás señorita de mármol, eso que tú dices te sucede conmigo, el verme en imágenes de un pasado que no hemos vivido, eso es algo que también me ha venido sucediendo a mí desde ese día en Jerez, la verdad es que durante estos últimos tres meses no ha habido un solo día que no estés en mi mente, al principio pensé que era cosa de un par de días, pero pasaron las semanas y en vez de olvidarte sucedió todo lo contrario; te recordaba, te recordaba más de lo que yo pensaba, te veía en mi mente una y mil veces, en ocasiones te soñé estando despierto, fantaseaba el cómo sería volver a verme en tus ojos, intenté llamarte pero Carbel me confiscó el móvil donde tenía tu número registrado, mi única esperanza era esperar hasta terminar con la instrucción para tener de regreso mi móvil y llamarte, pero eso tomaría un mes más. Ayer vi unos volantes publicitarios sobre el evento de perfumes y mi esperanza se revivió, algo me decía que irías allí, y esa sería mi oportunidad de volver a verte. Pero... las circunstancias de la vida nos vuelven a tomar por sorpresa y nuestro encuentro se ha adelantado, ahora que estás aquí debo confesarte que... estoy enamorado, estoy intensamente enamorado de ti Lauren, vivo imaginando fantasías sobre este amor, y me preocupa el no saber que pueda pasar de aquí en adelante.

Un silencio aterrador se interpuso entre los dos, mis temores hicieron nueva aparición, sentía las manos sudar, quizá no era ese el momento propicio para haberle soltado todo así de golpe...

Ella se quedó inexpresiva mientras reflexionaba sobre mis palabras, una lágrima destellaba los reflejos de la luz mientras surcaba un lento recorrido a través de su mejilla. Levantó la mirada mientras acomodaba en su mente lo que quería decir.

—Yo... —suspiró profundo para posterior continuar hablando —yo también estoy enamorada de ti Ney, y por este amor he venido hasta aquí, albergaba la esperanza de volver a verte en la exposición de perfumes...

—Sería para mí un gran honor presenciar dicha exposición, siempre y cuando sea usted, bella dama, mi acompañante, de lo contrario me rehusaría rotundamente a asistir. —Repuse enérgicamente en un gracioso tono sofisticado, Lauren estalló en risas por lo estúpido que sonaba mi tonito de siglos pasados y decidió seguirme el juego.

—¡Oh! Galante caballero, me halaga con tan majestuosa invitación, mandaré preparar mis más finas sedas para estar a la altura. —decía en su improvisado tono bizarro mientras se llevaba una mano a la frente en gesto trágico, me guiñó un ojo y ese fue motivo para que los dos estalláramos en risas.

Besé con ternura su mejilla y susurré en su oído:

—Me pienso alejar de ti ni un solo instante a partir de este momento señorita de mármol.

—Ni yo de ti señor de la mortadela, quiero estar a tu lado tanto como sea posible.

—Disculpe señorita pero… es "Mortadelo" —Le corregí a modo de regaño. Ambos estallamos en carcajadas para después caer presos de una serie de besos furtivos que iban y venían sin previo aviso, creo que ese día batimos el récord del beso más largo. Me deleitaba con el delicioso néctar de sus labios, la exquisitez de su boca me hacía preso del deseo… los besos se hacían cada vez más apasionados, pequeños mordiscos hicieron su aparición en escena, mis dedos se empezaron a deslizar por sus hombros, removiendo lentamente los tirantes de ese hermoso vestido rojo escarlata, sin saber cómo ni en qué momento, me abalancé sobre ella, aumentando en cada segundo que pasaba el deseo de poseerla. Sentía mi piel ardiendo de deseo, sus ojos se volvieron lascivamente traviesos y eso provocaba que el auge de mis besos se hiciera cada vez más intenso. Le mordí el cuello y escuché como se le escapaba un pequeño gemido de placer, mi lengua empezaba a danzar sobre su exquisita piel a la altura del cuello, lentamente y luego con lujuria, dejándola siempre a la expectativa de lo que vendría, seguía besándola desenfrenadamente mientras empezaba a deslizar mi mano lentamente por su entrepierna, acariciando cada centímetro de piel desnuda, mientras iba levantando lentamente ese precioso vestido, su hermosa y delicada espalda se tensaba a medida que mi mano ascendía, suavemente con mis dedos rocé las bragas que ya habían caído presas de la humedad que emanaba su entrepierna. Una sonrisa traviesa perfilaba mi rostro al descubrir la reacción de su cuerpo ante el momento del que ambos éramos cautivos. En un ágil movimiento le desenfundé el vestido, mientras ella libraba una batalla por desabrochar los botones de mi camisa, le facilité un poco las cosas quitándome la camisa y el pantalón en un pestañear. Ella estaba recostaba en el sofá, con nada más que sus pequeñas y sexys bragas, yo estando de pie me detuve deliberadamente un par de segundos a contemplarla...

Era como presenciar la viva imagen de la diosa afrodita de la que hablan en la cultura griega, su belleza era exuberante, por donde quiera que la viese me deslumbraba en encanto, su piel blanca, tersa y delicada parecía emitir brillo propio, su larga y lacia cabellera tan negra como las tinieblas, realzaba aún más su feminidad y hermosura, sus ojos ámbar le daban un toque mágico de sensualidad y ternura deleitable ante mi atenta mirada...

Me acerqué lentamente, como el león que acecha su presa, cauteloso. Al estar lo suficientemente cerca, inhalé ese exquisito olor a aceite de rosas que emitía su piel, empecé a besarle los labios, luego el cuello, empecé a bajar lentamente hasta poner en mi boca uno de sus botones de piel endurecidos, le di un pequeño mordisco mientras veía como se tensaba su cuerpo. Empecé una lasciva danza con mi lengua sobre sus pechos, sus hermosos botones de piel en un delicioso color rosa se hacían cada vez más duros y deliciosos. Seguí bajando lentamente, besando cada milímetro de su ser, iba dejando un sendero de besos cálidos dibujados en su piel, en su alma y en su esencia de mujer.

Cuando llegué a su abdomen divisé de soslayo un par de cicatrices de tamaño formidable en su costado derecho, recordé de inmediato lo de sus costillas rotas en el atentado. Posé mis labios sobre aquellas cicatrices y las besé, las besé con ternura, con delicadeza, queriendo cerrar esa indeleble herida que se había alojado en lo más profundo de su alma, y esas cicatrices eran el constante recordatorio de ello.

Una pequeña gota de agua calló sobre una de las cicatrices, pero... no era agua, era una lágrima que se había escapado de mis entrañas sin previo aviso, sin consultar a mi mente, no la vi venir, pero si vi esa tristeza enorme que nublaba mis pensamientos al ver el trato tan duro que le había dado la vida cuando apenas era una niña. Me prometí nuevamente que cuidaría de ella.

Tan rápido como llegaron, así mismo se disiparon mis pensamientos de tristeza hacia su pasado, le di un par de besos más a sus cicatrices y seguí bajando por su abdomen, lentamente, saboreando cada milímetro de su piel. Haría de ese momento, algo memorable para los dos...

Cuando llegué a la altura de sus bragas empecé a bajárselas lentamente, como acto reflejo ella me detuvo en el intento y exclamó un sonoro "¡no!"

Me sentí algo turbado ante ese gesto, quizá confundido sea la palabra apropiada, o tal vez molesto, no entendía que había sucedido, si parecía que ella lo estaba disfrutando tanto como yo, los dos estábamos enamorados. << ¿Será que fui muy rápido? o... ¿Será por cuestiones de religión o de su cultura árabe?>>, mi cabeza era un océano de dudas e incertidumbres mientras mi rostro avergonzado no podía siquiera sostenerle la mirada.

Su delicada mano se deslizó suavemente por mi mejilla en un sutil gesto de cariño.

—Ney. —decía mientras apoyaba su rostro sobre mi hombro, —es que... —se quedó pensando un par de segundos en las palabras que diría, más sin embargo yo me adelanté interrumpiéndole, mientras en mi mente un creciente sentimiento de frustración empezaba a avanzar a pasos de gigante.

—¿La verdad es que te surgen dudas de que no sea el hombre adecuado para ti? ¿no es eso lo que ibas a decir? Pues bien, ahórrate tus palabras que ya me ha quedado claro.

Me levanté indignado del sofá e iba a emprender camino rumbo a mi habitación cuando su mano me tomó por el brazo, deteniendo mi avance. La voltee a ver, sus ojos estaban empapados en lágrimas, no pude evitar sentirme como un perfecto imbécil, me había prometido cuidarla y solo un par de segundos después ya estaba provocándole lágrimas y tristeza, menuda manera de cuidarla. Me maldije para mis adentros por haber dicho lo que dije.

—¡Es que nunca he estado con un hombre! —dicho esto rompió en llanto, yo estaba tan pálido como un papel, me parecía que había escuchado mal, aunque esas palabras fueron pronunciadas con perfecta claridad, me senté a su lado y la envolví en mis brazos, mientras trataba de discernir sobre lo que me acababa de escuchar. Se me hacía difícil de creer, pero tampoco hallaba un motivo para que me mintiera sobre algo así, fuese cierto o no, albergaba la esperanza de que pronto lo descubriría por mí mismo.

—¿Porque no lo mencionaste antes? —Pregunté mientras envolvía mi dedo índice en su hermosa cabellera.

—A mi edad no es común que una mujer conserve su estado de pureza, lo sé, pero... siempre he sabido que ese es un regalo que solo podré entregar una vez en la vida, por eso he esperado hasta que mi corazón me avisase de haber hallado el hombre por el que he estado esperando, y… mi corazón me lo está avisando ahora, ese hombre eres tú Ney, lo supe desde ese primer día en que nos vimos, no hallo una manera entendible en que te lo pueda explicar, pero por eso he realizado este largo viaje de regreso, albergando siempre la esperanza de que te hallaría y así poder confesarte este sentimiento que se ha instalado en lo más profundo de mis entrañas. Tardé muchos años buscándote, no sé cómo decirte que lo sé, pero solo lo sé, es como si te conociera de otras vidas, y ahora que estás aquí, es como si las piezas del rompecabezas de mi alma se hubieran unido en su totalidad. Siento armonía Ney ¿sabes lo que significa para alguien como yo que solo he presenciado dolor y soledad en la vida, experimentar este estado de felicidad con el simple hecho de estar cerca de ti? ¡Es un sueño lúcido traído a la realidad Ney! he estado sumida en un profundo letargo y tú has llegado a devolverme la vida, porque eso es lo que siento cuando estamos cerca, vida, vida en todo lo que nos rodea, vida en lo que se ve y lo que no se ve, vida en las pequeñeces de nuestra existencia, vida en lo incomprensible e inexplorado, en mi mundo todo gira y cambia a ritmo estrepitoso si tú estás cerca, es una especie de conexión sobrehumana que se escapa al entendimiento de nuestras limitadas mentes…

Notas del Autor

Quizá sea esta la parte que me hace sudar frío y me pone los nervios de punta, el momento de dirigirme a ti mi apreciado lector. Te me has unido en este emocionante viaje, y muy seguramente te estarás preguntando una y mil veces ¿Qué partes de la obra son realidad? ¿Qué partes son producto de la imaginación? Sé que te lo has preguntado ya en repetidas ocasiones durante el recorrido, pero no os preocupéis, debo deciros que un día no muy lejano os despejaré todas estas dudas y más, por lo pronto os doy mil gracias por haber concluido con esta primera parte de nuestro viaje, aún nos aguardan un par de paradas más, así que no os desaniméis que esto no es ni siquiera una tercera parte de lo que se viene.

Si has disfrutado de este viaje apóyame compartiendo esta obra en tus redes sociales y recomiéndala a un amigo o familiar. Juntos podemos llegar a más colegas que al igual que tú y yo tenemos historias por contar y nos morimos de ganas por conocer las de otros.

Recibe un cálido abrazo de mi parte... Cambio y fuera.

www.ingramcontent.com/pod-product-compliance
Lightning Source LLC
LaVergne TN
LVHW091546060526
838200LV00036B/725